消除贪念

腐败心理研究

苏满满——著

国家出版基金项目·「反腐败研究文库」

中国方正出版社

目　　录

第/一/章

腐败行为的机理

腐败是人类社会共有的一个政治现象，是特定社会历史阶段的必然存在物，腐败也是一种社会综合征，是各种主客观因素综合作用的产物；但腐败同时又是某个社会成员的个体行为，其个体主观因素起着关键性的作用。

腐败现象产生的原因纷繁复杂，但在错综复杂的诸多因素中，心理上的主观因素是重要原因之一。心理是大脑对客观现实的主观反映，每个微妙的心理变化都会导致个体行为的变化，健康的心理产生积极的行动，反之则产生消极的后果。对权力的有效制约，不仅依赖于完善的、严密的制度等外在的约束，也依赖于健康的心理、健全的人格等内在的自律。

第一节　腐败的概念和根源

一、腐败的概念

腐败一词最初源于《汉书·食货志上》："太仓之粟，陈陈相因，充溢露积于外，腐败不可食。"意思是指（谷物）发霉、腐烂，这是腐败的原意。《辞海》将"腐败"解释为"腐烂，也泛指败坏、堕落"。《辞源》将"腐败"解释为"腐烂发臭、陈旧迂陋、腐朽败坏，一般用于对食物的描绘"。而如今，人们更多地将以权谋私、贪污受贿、行贿牟利等社会现象定义为腐败。

腐败不仅是一种政治现象和经济现象，而且是一种社会现象和法律现象。政治学、经济学、社会学和法学等学科对腐败概念的界定维度各不相同。政治学倾向于从权力的行使及其异化的危害等相关层面来界定腐败，腐败被表述为公共权力的异化与蜕变；社会学倾向于从社会的安定、秩序、规则和社会民众的福利等角度来界定腐败，腐败被表述为权力行为与社会总体价值目标的偏离；法学则倾向于从对法律规范的违反、法律规范的价值取向等角度来界定腐败，腐败被表述为违反腐败相关法律应受法律、法规处罚的行为。

20世纪90年代中后期，人们开始从经济学角度研究腐败，经济学倾向于从供给和需求、成本和收益或市场的角度来界定腐败，将腐败表述为政治权力与经济财富的交换。国际货币基金组织将腐败定义为："腐败是滥用公共权力以谋取私人的利益。"① 一个更为广义的定义是："所谓腐败，乃是通过关系而有意识地不遵从规则，试图从该行为中为个人或相关的个体谋取利益。"② 美国学者塞缪尔·P. 亨廷顿认为："腐化，即公职人员为了谋取私利而违反公认准则的行为，腐败的基本形式就是政治权力与经济财富的交换。"③

① 转引自李春梅：《公众廉洁感知、满意度和政府信任关系的实证研究》，光明日报出版社2020年版，第18页。

② 转引自李翔：《反腐法律体系构建的中国路径研究》，上海人民出版社2013年版，第2页。

③ ［美］塞缪尔·P. 亨廷顿：《变革社会中的政治秩序》，李盛平等译，华夏出版社1988年版，第66页。

我国对于腐败定义也有多种不同的表述。腐败这一概念与其他概念一样，也是由其本质决定的。界定腐败必须透过腐败行为不同的外部表现，分析其特征，进而对腐败的本质属性有一个明确的认识。腐败的本质特征在于对公共权力的非公共利用，即对正当权力的扭曲和滥用；腐败的主体应为法律赋予或国家、政府授予行使某种公共权力的公职人员；滥用权力的目的是谋取私利。因此，我们认为“腐败是指掌握一定权力的公职人员，不当运用公共权力谋取私人利益的行为”。

二、腐败产生的人性根源

利己性是腐败产生的人性根源。中国古代思想家荀子说：“生之所以然者谓之性。”《荀子·性恶》中说：“目好色，耳好声，口好味，心好利，骨体肤理好愉佚，是皆生于人之情性者也。”荀子认为，正是在人的本能的基础上，产生了人的财产占有欲和好利之心。腐败之于人类社会，正如疾病之于人的肌体，这种共生性启发我们：腐败应当与人性中的某种因素具有一定的关联性。人作为自然存在物，具有自然属性；同时，人作为社会存在物，自然属性中总是渗透着社会因素的影响和作用，因而具有社会的表现形式。利己是人的本性，人的行为和利益息息相关，追逐利益是人类很多行为的出发点和基础。恩格斯曾说：“鄙俗的贪欲是文明时代从它存在的第一日起直至今日的起推动作用的灵魂。”[①] 列宁认为，公职人员“想腐败”是个人私欲与剥削阶级唯利是图消极思想意识的影响共同作用的结果。他强调，“政治上有教养的人是不会贪污受贿的”，必须进行“反对剥削者的教育”，“反对利己主义者和小私有者”。[②] 心理学的研究表明，动机始于个体内在的需要。需要是个体客观上处于某种缺乏状态时的择取倾向，是个体对延续生命所必需的客观条件的要求的反映。它是从根本上影响人的行为积极性的重要心理因素，离开需要，人的动机就无法产生，行为也就无从发动。马克思指出，把人和社会联系起来的唯一纽带是天然必然性，是需要和私人利益。利益是能实现和满足主体需要的对象和条件，或者说，利益是人们需要的社会转化，是基于一定生产基础所获得的社会内容和特性的主体需要。由于主体需要的多样性，利益的内容和形态也是多样的。有物质利益、精神利益；经济利益、政治利益；个人利益、公共利益；眼前利益、未来利益；现实利益、潜在利益；直接利益、间接利益；等等。人的需要是无限性与有限性的统一，人的利益追求也是无限性和有限性的统一。在一定条件下，个体如果不能很好地处理利益主体之间及不同利益内容之间的相互关系，不能很好地对待利益矛盾，就容易采取不劳而获的方法去掠夺他人和社会的财富和利益，

① 《马克思恩格斯选集》第 4 卷，人民出版社 1995 年版，第 177 页。
② 《列宁选集》第 4 卷，人民出版社 1995 年版，第 354 页、第 588 页。

从而做出极端行为或走向违法犯罪。人是一种不断追求的动物，当一个欲望满足后，另一个欲望会迅速出现并代替它的位置。脱离社会规范、不顾社会历史条件的要求，一味想满足自己各种私欲的人就是具有自私心理的人。自私是一种近似本能的欲望，隐藏在个人的需求结构之中，是深层次的心理活动。欲望是滋生自私的根由，欲望无止境，自私便随之而生。无尽的欲望产生贪婪的心理，贪婪的心理又造成欲望的无限膨胀和畸形发展，正是这种欲望的无限性导致腐败行为屡禁不止、屡治不衰。心理学研究表明，有贪婪心理的人往往是侥幸心理强烈的意志薄弱者，其在金钱与物质面前，不能控制自己的行为。

美国社会学家默顿认为，个人的许多欲望不一定是“自然的”，而是“文化引起的”，“自我实现”的需要便是由社会文化塑造并灌输给我们的。任何社会的文化都会倡导一些有价值的目标，鼓励每个社会成员为这些目标而奋斗。获取财富虽然不能说是一个重要的文化目标，但至少，主流文化对这样的目标是不排斥的。经济上的成功被很多人奉为人生成功的重要标杆之一，这样的社会氛围对国家公职人员构成了一定压力，因为获得经济上的成功，是他们通过社会提供的“制度性手段”，即合法的工薪收入根本无法达到的。可望而不可即的“人生目标”，以及内心“无力感”和“挫折感”的双重挤压，一些人便产生了用“非制度性手段”，即通过腐败来完成自我实现的冲动。

心理学家曾研究过，人的前一个欲望的成功，会促使后面欲念的递增；前一个欲望受阻，其他欲念就会递减。人性是质与量的统一体。人的利己性的强弱，在一定限度内，却是不断变化、可以自由选择的，既可以通过压抑、克制而变弱变小，也可以因发展、放纵而变多变强。只要坚持以人为本，理性疏导人性需要，腐败必然是可防可治的。

第二节　腐败的生成机理

机理是指为实现某一特定功能，一定的系统结构中各要素的内在工作方式以及诸要素在一定环境条件下相互联系、相互作用的运行规则和原理。任何事物的发展变化都有其内在的规律性，腐败的发生同样有其内在的机理。

一、拥有公共权力是腐败发生的基础

腐败是对公共权力的滥用，是公权私用的行为。因此，实施腐败行为，首先必须手握公共权力。所谓公共权力，是指在公共管理的过程中，由政府官员及相关部门掌握并行使的，用以处理公共事务、维护公共秩序、增进公共利益的权力，是社会公认的和法定的权力，以其特有的普遍权威性对全社会实施管理或者控制。公共

权力是一种极度稀缺的社会资源。按经济学观点，资源具有有用性，可以产生效益。权力资源的有用性就在于，权力在支配公共资源份额上具有的强制影响和制约的能力。显然，谁拥有权力资源，谁就可以在获取公共资源上占居优势地位，获得更多的公共资源。资源的价值取决于资源的使用，权力资源的价值亦是如此。权力作为稀缺的资源，成为众多主体竞相争夺的对象，于是本不具备商品属性不能进入商品市场交易的权力被“拉扯”进了交换市场。而权力价值的本质，决定了其“交易”回报的快捷和丰厚。一些意志不坚定的公职人员，一旦尝到权力交易的“甜头”，便会为了私利而无所顾忌地出售手中的权力，在“权钱交易”的泥坑中越陷越深。腐败是拥有公共权力的人滥用公共权力谋取个人私利的行为。清代史学家、文学家赵翼在分析了明代查抄权贵家产事件后，悟出了“凡势之所在，利即随之”，“是可知，贿随权集”。既然权力是稀缺的资源，自然便会存在为谋取最大化利益或垄断利益而对权力资源的争取或不当运用（如向公职人员行贿、权力拥有者寻租等）。可见，拥有公共权力是实现腐败行为的基础条件。

二、腐败机会是腐败发生的客观条件

实施腐败要有“能够腐败”的机会条件。腐败机会是指公职人员在当时不被发现的情况下完成腐败行为的条件和可能性，它是促使腐败动机向实际腐败行为转化的最重要条件。腐败分子在以权谋私的过程中所借助的各种机会都可称之为腐败机会。握有公共权力的公职人员在以权谋私的问题上并不能随心所欲，而是必须等待有利时机，同时还要借助某些机会，以使自己能够在不被发现的情况下顺利地完成腐败行为。腐败机会主要是由制度缺陷所导致的，包括法律法规和工作规则不够完善、执行不够有力，以及管理和监督工作存在漏洞和薄弱环节等。机会是具有时间性的有利情况。狄更斯曾说过："机会不会上门来找，只有人去找机会。"腐败机会除了能够由客观条件引发之外，还可以由公职人员人为制造。腐败分子如果发觉现有的腐败机会不合用，往往会利用自己的权势人为制造一些机会。他们的具体做法包括制定"土政策"、垄断官方信息以及主动规避规章制度等。人为制造的腐败机会与法律法规本身的缺陷结合在一起，就使腐败分子持续有腐败机会。因此，对于任何一个国家的任何一段时期来说，腐败机会只存在多和少的问题，而不存在有和无的问题。古今中外，概莫能外。腐败机会在腐败行为中同时发挥着两种作用：一是使腐败动机转化为实际的腐败行为；二是强化公职人员的腐败动机。

三、有内在的腐败动机是发生腐败的决定性因素

心理学认为，动机在人的行动中发挥着重要作用。公职人员具备了公共权力、腐败机会等基础条件、客观

条件后，并不必然就实施腐败行为，还必须具有主观条件。这个主观条件就是公职人员具有“想腐败”的思想动机和“敢腐败”的侥幸心理。动机是激发和维持有机体的行动，并将行动导向某一目标的心理倾向或内部驱力。动机是个体能动性的一个主要方面，它首先具有激发功能，激发个体产生某种行为，使个体从静止状态转向活动状态；其次动机具有指向功能，使个体的行为指向一定的对象或目标；此外，动机还具有维持和调节功能，它能使个体的行为维持一定的时间，并调节和支配行为的强度和方向。腐败动机是指发动和维持腐败行为主体进行贪污、受贿、行贿等腐败活动，并使其活动朝向一定目标的内部心理过程或行为动力。需求是人的行为的原始推动力，人的许多行为就是为了满足需求。动机是在需要的基础上产生的。当人的某种需要没有得到满足时，它会推动人去寻找满足需要的对象，从而产生活动的动机。马斯洛的现代心理学认为，生理、安全、爱、自尊、自我实现是人的五种基本需要。人的所有行为的动机无非是满足这五种基本需要。这五种需要按照从低级到高级的次序排列，在满足次序上，低级需要具有优先性，高级需要只能是低级需要相对满足后的产物。行为科学理论认为，个体的需求有多个层面，在需求基础上可以引发不同的动机或者冲动。人在不良需求的驱使下，形成了不良的需求结构，进而形成了各种不良动机。美国学者艾德佳·沙因提出的“复杂人”假设认为，人的需要是多种多样的，同一个人在同一时间内会有多种需要，并且会随着工作、生活条件的变化不断产生新的需要。动机是复杂多样的，人类行为常常是由多种动机引发的。一个有意识的欲望或一个有动机的行为，可能起到一种渠道的作用，通过这个渠道，其他意欲得以表现自己。动机是连续不断的、无休止的、起伏的，也是复杂的。因为从动力心理学的观点来看，在一定意义上，几乎有机体的任何一个事态本身又是一个促动状态。

恩格斯在论述犯罪发生的时候曾经说过："在一个人的身体上和精神上的需求都得到满足的地方，在没有什么社会隔阂和社会差别的地方，侵犯财产的犯罪行为自然而然地就不会再发生了。"[①] 恩格斯的这一论断，深刻说明了个体需要与犯罪之间所存在的内在关系。苏联犯罪学家 B. H. 库德里亚夫采夫曾说："违法者认为，现实条件没有充分保证满足他的实际需要或者臆想中的需要。这就是违法者实施违法犯罪行为的动机基础。"[②] 促使腐败动机形成的因素，是腐败分子的不良需要产生的内驱力和适宜实施腐败行为的外部条件或刺激物产生的诱惑力的相互作用。而根据唯物辩证法内外因辩证关系原理，腐败动机的滋生，总是由个人的主观因素在起决定作用。公职人员萌发腐败动机，首先是从思想蜕化变质开始的。

---

① 《马克思恩格斯全集》第 2 卷，人民出版社 1974 年版，第 608 页。

② 转引自许应华：《青少年违法犯罪问题初探》，吉林人民出版社 1984 年版，第 85 页。

一旦思想上放松警惕，世界观、人生观、价值观就容易扭曲，从而导致金钱观、权力观错位，面对利益诱惑失去抵抗力，产生了“唯利是图”的腐败心理；价值观错位导致公职人员丧失了奉献精神，产生了以权谋私的腐败心理；公职人员党纪国法意识不强，产生了以身试法的赌徒心理，最终滑向腐败的深渊。腐败动机的产生正是源于个体对于非常规需要的满足。

第三节　影响腐败实施的心理效应

人类的一切行为都是决策的结果。决策是任何有目的的活动发生之前必不可少的一步，它是为了实现特定的目标，根据客观的可能性，在占有一定信息和经验的基础上，借助一定的工具、技巧和方法，对影响目标实现的诸因素进行分析、计算和判断选优后，对未来行动作出决定。从心理学角度来看，决策是人们思维过程和意志行动过程相互结合的产物。没有这两种心理过程的参加，无论何人也是作不出决策的。因而，决策既是人们的心理活动过程，又是人们的行动方案。实施腐败具有风险性和后果的不确定性，因此公权力行使者在对自己是否实施腐败的决策过程中会受到相应的心理效应的影响。

一、侥幸心理

侥幸心理，就是漠视既有的制度规则和事物发展的基本规律，总是自信地认为凡事皆在自己掌控中，自己所做的事总会按照自己的愿望发展，不会出现自己掌控不了的对己不利的结果。侥幸心理，实质是在利弊得失面前的矛盾心态，具有自我欺骗性。凡腐败者都有蒙混过关的侥幸心理。不少公职人员实施腐败，都是在侥幸心理占上风时陷进去的。他们具有自决心理机制突出的“鸵鸟心态”。一方面，明知贪污腐败具有风险，一旦败露身败名裂，人生尽毁；另一方面，又不想放弃为己谋取私利的机会，于是自我安慰、自我欺骗，此事只有天知地知、你知我知，绝对保险，绝无“东窗事发”的可能，在这种心理支配下“放心大胆”贪腐一把。侥幸心理，是底线意识缺失，自我把控能力不足的表现。

二、虚拟所有权心理

虚拟所有权心理，是一个非常经典的决策心理学效应，也是一个屡试不爽的营销策略。在大多数情况下，我们一旦拥有（或者假想拥有）了某个东西，它就在我们心中变得更值钱更宝贵了，而且我们会更加害怕失去它。这种“心理上的”所有权效应会让人们作出非理性的决策：人们不但会对假想拥有的东西给予更高评价，还会对其损失有一种更强烈的恐惧。实际生活中，一些不法分子在对公职人员“围猎”时，并不是一开始就直接送钱、送物，而是通过邀请公职人员出入奢侈消费场所，安排豪华别墅休闲度假等，去体验有钱人的生活，让公职人员去“想象”，去关联到自己，因为“同一件事情，人们想象去做和真正做到，大脑的反应是一样的，感觉上甚至更强”。当公职人员在奢侈场所一掷千金地消费享受、在豪华别墅休闲度假时，就会产生这是自己真实生活的想象，就会产生把所有喜欢的都占为己有的冲动。不法分子的“围猎”手段，既放大了人们的想象心理，也利用了人们的占有心理。人们通过占有心理和想象心理，可以对有形或无形的目标的所有权产生向往，有时甚至会在非理性状态下作出决定。一些公职人员就是在这样的“围猎”下，萌生要实实在在地拥有这样生活的想法，而走上贪腐之路的。

三、负债感效应

负债感效应，也就是心理学上的互惠原理。互惠原理简单说，就是受人恩惠就要回报。有来有往是社会生活的一项基本规则。对于不遵守互惠原理的人，社会普遍具有厌恶心态。互惠原理的威力在于，可以让人们答应一些在没有负债心理时一定会拒绝的请求，即使是一个陌生人，或者是一个不讨人喜欢或不受欢迎的人，如果先施予我们一点小小的恩惠然后再提出自己的要求，也会大大提高我们答应这个要求的可能。负债感实质上也是虚荣心理在发生作用。分析一些公职人员腐败堕落的轨迹，不难发现一些公职人员的腐败，正是由于一些心术不正者，利用某些公职人员强烈的虚荣心理，要“面子”、好“面子”的弱点，施以小恩小惠。先来点“小意思”，如送一份精美别致的生日礼品，一个让小孩爱不释手的玩具，一点本地稀罕的土特产等，然后不断加大“感情联络”的筹码，让公职人员心存“无功受禄”“不好意思”的负债感。在感情渗透到一定程度时，再提出帮忙办事的请求，此时，公职人员便会自觉不自觉地用手中权力为其办事，以还人情之债。由此演变成“权钱交易”“钱权交易”。所以，公职人员，尤其是领导干部对以礼开道、前来叙旧之人，一定要高度警惕，厚谢婉拒，以免欠下人情之债。

四、失衡心理

美国行为科学家斯塔西·亚当斯提出了“公平理论”（又称社会比较理论）。该理论的核心是：人的工作积极性不仅与个人实际报酬的多少有关，且与人们对报酬的分配是否感到公平更为密切。人们总会自觉或不自觉地将自己付出的劳动代价及其所得到的报酬与他人进行比较，并对公平与否作出判断，直接影响其工作动机和行为。公平理论同样也适用于社会政治生活领域。除了报酬，人们常常会自觉或不自觉地把自己的社会地位、遭际境遇与他人进行比较，并对公平与否作出判断。这种主观感受直接影响人们对社会的看法、态度以及与之对应的行为。一旦个体感到不公平，并且无法解决这种不公平，就会自动寻找宣泄愤怒情绪的出口。作为一种心理现象，心理失衡这一主观心理感受来自于与参照个体或群体物质和非物质的比较。可以这么说，心理失衡，攀比是原因，失衡是结果。心理失衡往往会引发怨恨、不满并且具有偏执倾向的心理态度。心理失衡是因利的不足、物质的不满而起，因而使其失衡复归平衡的支撑点必然是满足其功利的需要。物质上的补偿是最为直接、具体的补偿，因而由心态失衡而引起的补偿心理会驱使个体不择手段地敛财，以物欲的满足来补偿其心理的失衡。大量被揭露出的腐败案件充分证明，某些公职人员的腐败，最初源自心态的失衡。

五、法不责众心理

法不责众，意思是很多人都那样干了，即使想惩罚也就不好惩罚了。心理学研究表明，在面对同一件事情时，群体中个体的心理活动与单独个体的心理活动相去甚远，在群体中的个体不会过分担心个人行为造成的后果，所以他们往往会比独自一人时更加“勇敢”。法不责众心理，实质上是一种藏身于“众”的侥幸心理。个体在实施某一行为时不断地暗示自己，同样的行为不只自己一个人在做，其他人都在做，即使要被追究也不可能恰恰追究到自己头上。因受贿罪被判处有期徒刑十三年的四川省乐山市原市委常委、常务副市长夏代荣颇具代表性。对于自己的犯罪行为，夏代荣这样忏悔："我一度错误地认为，现在腐败的人很多，被查处的很少。我自认为自己不会那么倒霉，成为被查到的少数人。"法不责众心理使行为个体从众、模仿，一些系统性、塌方式的腐败"窝案"往往与此心理有关。一些手握公权的公职人员心存法不责众心理与他们低估党中央反腐的决心、误读反腐败斗争形势有关。从根本上削减一些公职人员存在的腐败法不责众心理，需要我们坚持不懈做到反腐败"无禁区、全覆盖、零容忍"。

六、有恃无恐心理

有恃无恐意为有依靠而不害怕，没有顾忌。有恃无恐心理本身是一种骄纵心理，自恃的人往往自我放纵。反腐败的实践证明，有恃无恐心理是少数公职人员滑入腐败泥淖的原因之一。这些手握权力的公职人员，把自己当成特殊人物，自恃有背景、有靠山，有特别的人脉关系，一有风吹草动便会有人说情、庇护。有的认为自己政绩突出，功劳很大，把自己当成特殊人物；认为自己劳苦功高，即使犯点错误，组织上也不会予以追究。有的认为离开了自己本地区本部门本单位各项事业就不会很好发展，就算有点问题，组织上也会"投鼠忌器"，因为工作需要也会容忍迁就。一些公职人员正是因为有了这些错误的想法，才有恃无恐、居功自大、为所欲为、不加收敛，在贪腐的路上成了一匹“脱缰的野马”。因受贿罪被判处有期徒刑十二年零六个月的“明星官员”蒋国星，在剖析自己走上贪腐道路的原因时认为有恃无恐心理是重要原因。他在忏悔书中写道：“工作过程中结交了省级领导，认为他们就是我的靠山、保护神。一旦有什么风吹草动，他们肯定会站出来为我讲话的。这种想法让我有些有恃无恐。”

七、心理特权

个体在潜意识里普遍有一种要享受特权的心理，总觉得自己应该比他人拥有更多的资源，而不管这些是不是自己应该得到的。心理特权是指一种感到有权利获得优待、被豁免社会责任的稳定而普遍的主观信念或知觉，它影响着人们一系列心理与行为，让个体产生过高的期望。已有研究表明，心理特权会降低个体的社会责任感、对组织的忠诚度，也会使个体更倾向于做出自私行为。组织管理领域的研究发现，心理特权水平高的公司领导觉得自己应该拿到高额的薪酬和奖金，可能会通过不恰当甚至非法的途径来达到该目的，做出过度自我为中心的行为和腐败行为。多项研究一致发现，社会经济地位越高的人心理特权水平就越高。剖析腐败而受到查处的公职人员典型案例，不难发现，这些腐败分子普遍具有较高的心理特权水平，总觉得自己在各方面应该获得更高的待遇，享有更好的生活。一些手握权力的公职人员正是在追求“更高的待遇”“更好的生活”中迷失方向滑入腐败泥潭。

第四节　抑制动机除贪念

从对腐败发生机理的分析我们不难看出，腐败发生在权力运行过程中，权力、动机、机会三者共同作用，促使个体实施并完成具体的腐败行为。腐败行为是公权力、腐败动机和腐败机会的函数，用公式可表示为：腐败行为=公权力（物质条件）+腐败动机（心理条件）+腐败机会（制度条件）。在构成腐败行为的三个要素中，公权力是不变量，因为只要有国家、有社会管理，公权力就始终会存在，是腐败行为发生的显性条件。缺乏监督制约的公权力是腐败发生的先决条件，是腐化堕落的公职人员以权谋私的资本。腐败动机、腐败机会则是两个可变量，腐败动机是腐败发生的思想根源，是腐败行为的内在动因；腐败机会是体制机制制度的漏洞和缺失的具体表现，是腐败行为发生的客观的最直接原因。在公权力、腐败动机、腐败机会这三者中，如果没有腐败动机这个腐败分子实施腐败行为的心理动力源，腐败也不会发生。美国心理学家爱德华·德西和理查德·瑞安的自我决定理论，强调自我在动机过程中的能动作用，认为驱力、内在需要和情绪是自我决定行为的动机来源，自我决定行为由动机提供能量。自我决定行为基于对人们有机体需要的认识，并且设计选择行为，这种行为在于满足人的需要。德西认为，自我决定的心理标志在于灵活地控制自己与环境之间的相互作用。在自我决定时，人们自由选择行动，而不是被迫，并且这种选择是基于对有机体需要的认识和对外在事件的灵活解释。自我决定时常涉及对人们的环境或结果的控制，但也可能涉及放弃这种控制的选择。同时，自我决定也会受到环境力量的支持或阻止。

二维归因理论认为，人的行为是外部环境因素和内部主观因素的函数，其中，影响主体行为的外部环境因素可称之为情景归因；个体本身特点如人格、心理、情绪等称之为意向归因。就腐败行为而言，它事实上也是腐败主体在一定的心理因素影响与支配下利用公权力为自身谋私利的行为，是腐败心理作用于主体的结果。因此，治理腐败就要从治理腐败发生的三个条件着手。社会上存在的一些消极因素，可以诱发某些公职人员产生腐败的行为倾向，成为驱使个体实施腐败行为的动因之一。但外因是变化的条件，内因才是变化的根据，外因只有通过内因才起作用，在事物发展变化中内因永远起着主导的决定性作用。社会上存在的消极因素仅仅是个体腐败行为的外在诱因，只有当它作用于个体，才有可能使个体腐败心理转化为腐败动机和具体的腐败行为。

对大量案件的实证研究表明，腐败现象之所以屡禁不绝，有多方面的因素，但起根本性决定作用的是公权力行使者自身心理品质的严重缺陷。所以，个体的主观因素是决定个体是否实施具体腐败行为的内在原因。要有效地拒绝腐败，依赖于行为主体对腐败行为的抵制心理。腐败现象的产生既有组织制度、法制建设不健全等方面的原因，又有深刻的思想道德根源，要医治它仅靠组织和法制的变革和完善是不够的，还必须着眼于理想信念教育，不断筑牢公职人员拒腐防变的思想堤坝。增强行为主体拒腐防变的能力，必须完善自律机制，使行为主体不想、不愿腐败。虽然从根本上说，心理预防不是预防腐败现象发生的根本的或最主要的方法，而只是必不可少的方法之一，但心理预防有其特殊性和不可替代性。英国著名学者汤因比说过，要根治人类社会的弊端，“只能依靠来自人的内心世界的精神革命，社会的弊病不是靠组织机构的变革就能治愈的……唯一有效的治愈方法最后还是精神上的”。苏联教育家苏霍姆林斯基曾讲过，“最大的胜利——就是自己征服自己的胜利”[①]。这话的实质也在于强调了个体心理品质的自我调节、控制，对个体行为影响的巨大作用。社会心理学的研究也证实：控制侵犯行为的最有效方法是学会自我抑制侵犯行为。不断健全公职人员的人格和心理品质，是预防和自我预防腐败现象发生的重要途径，也是心理预防作用发挥的基础。同时，腐败心理及动机不是瞬间形成的，其行为

① ［苏联］苏霍姆林斯基：《青少年心灵美的培养》，湖南教育出版社 1983 年版，第 47 页。

也不是瞬间就实施终了的，它有一个从主观意识到具体行为的发展过程。这一发展过程有一个或长或短的时间间距，而时间间距的存在，无形中为我们提供了一个抑制腐败动机形成、促使其动机转化的良好时机。

心理学研究认为，行为总是在一定的刺激下产生的，而且引起行为的刺激常常通过心理的中介而起作用。人的行为总是发生在某一特定的行为环境之中（行为环境，是指引起人们某种行为反应的环境，行为环境是意象中的环境）。人的行为是针对行为环境的。心理学格式塔学派认为，个人的行为不是对外界刺激的一种孤立的、简单的反应，也不是许多反射弧机械的总和，它是通过心理物理场，特别是认知活动的整合而作出的。个体行为包含环境刺激、人的内部心理过程、行为反应三个基本构成要素。因此，相同的客观环境对不同个体而言可能是不同的行为环境，产生不同的行为。心理学家艾奇森的计划行为理论认为，决定行为的最重要因素是行为意图，即我们需要采取某一特定行为的意愿，行为意图直接决定行为。艾奇森认为，个体的行为意图受三个方面因素的影响：一是指向行为态度，就是个体对将要执行的行为的看法和感受，也就是“想不想做”；二是主观规范，那些对个人而言非常重要的人，他们会如何看待这个行为，也就是“该不该做”；三是知觉行为控制感，指在做出某个行为前，感受自己对行为的控制程度，这个行为难不难，自己有没有能力或者条件完成这个行为，也就是“能不能做”。一个人如果认为某个行为自己想做、应该做，而且能够做到，那么，他做出这个行为的意愿就会非常强烈，做出这个行为的可能性也就更大。

第/二/章

腐败行为的心理动力

行为，是有机体在各种内外部刺激影响下产生的活动。人类的行为，无论是身体活动，还是心理活动，都是个体适应环境的活动，都是受思想支配而表现出来的外表活动。腐败是行为主体有目的的意志行为，意志行为具有明确的动机和目标。美国心理学家伍德沃斯认为，动机是决定意志行为的内部原因和动力，决定着一个人行为的性质和方向。心理科学的长期研究也充分证明，一个人的行为是由其内部动机驱使的。个体的内在需要和外在诱因是引发动机的两个条件。

第一节　需要是行为的推动力

一、人的需要是人的本质

人类的行动和行为在最初表现为自发的生存性目的活动，然而生存性活动的根源在于人的需要。人类通过自觉或不自觉的需要刺激，引发强烈的意识作用，对自身的需要形成既定的可以满足于现状的欲求、动机和目的，引导自己去从事一定的实践活动。而实践活动使人们不断地产生新的需要，丰富和深化人的生命的方式。《德意志意识形态》这部著作是马克思唯物主义史观形成的标志性著作，在这部著作中指出：“在任何情况下，个人总是‘从自己出发的’，但由于从他们彼此不需要发生任何联系，从这个意义上来说他们不是唯一的，由于他们的需要即他们的本性，以及他们求得满足的方式，把他们联系起来（两性关系、交换、分工)，所以他们必然要发生相互关系。”[①] 人的需要，是满足有利于人的全面发展和道德品质的提高的需要。非人的需要，其本质是一种无尽的欲望，这种欲望是不可能满足的。越是追求满足欲望，人越是变为非人。这种人是贪图享乐的纵欲者，是没有摆脱低级趣味的人。

二、需要是一切行为产生的源泉

罗大华在其《犯罪心理学》一书中阐述道：“需要是有机体延续和发展其生命所必需的客观条件的要求的反映，是激发人的积极性，推动其意志活动的动力。”[②] 马克思指出：“人的每一种本质活动的特征，每一种生活本能，都会成为人的一种需要。”[③] 从中不难得出以下结论：其一，需要是个体行为的出发点和根本的内在动因；其二，需要的满足表现为主体对客体的占有。人的具体需要决定了人的各种具体活动和日常行为的具体目的，人生的根本需要则决定了人生的根本目的。人生的目标和追求，是人的各种具体目的的集中和升华；而人生价值，又根本上依赖于人生的目的。从这个意义上说，需要构成了人生价值的最终基础。需要的产生和存在意味着对

① 《马克思恩格斯全集》第 3 卷，人民出版社 1960 年版，第 524 页。
② 罗大华：《犯罪心理学》，中国政法大学出版社 2007 年版，第 70 页。
③ 《马克思恩格斯全集》第 2 卷，人民出版社 1957 年版，第 153 页。

现状的不满和否定，意味着超越现状的一种冲动或意向，由此形成了行为动机，发动了一定的行为。也就是说，需要既是人的活动动机和目的的原始根据，也是人们度量一定活动及其结果是否有价值、是否值得的最终尺度。人的需要是无限性和有限性的辩证统一，是人们生存和发展的条件。需要是由生理上或心理上的缺失或不足所引起的一种内部的紧张状态，是有机体自身和外部生活条件的要求在头脑中的反映，是人们与生俱来的要求，是个人活动积极性的源泉。当个体在生理上或心理上出现对某些必需因素的缺失或不足时，个体与环境之间的平衡就被打破，从而产生一种内部的紧张状态，这种内部的紧张状态就是需要。例如，血液中的水分不足，就会感到口渴，从而产生喝水的需要；社会治安状况不好，就感到人身安全得不到保障，从而产生安全的需要。如果需要得到满足，这种紧张状态就会消除，出现新的平衡状态。当个体在生理上或心理上出现新的缺失或不足，又会产生新的需要。需要都指向能满足生存和发展要求的一定的对象，没有对象的需要是不存在的。人的需要在指向一定的对象时，还具有一定的选择性。这种选择性具体表现为对满足需要的方式的选择，一般来说，个体满足需要的经验、个体的爱好和价值观、个体生活的文化习俗都会影响个体的选择。人的需要、兴趣、爱好、动机、价值观、人生观等，都是推动人们从事各种活动的动力因素，但需要是最根本的，其他的动力因素都是在需要的基础上形成和发展起来的。需要使人朝着一定的方向，追求一定的目标，以行动求得满足。需要越强烈、越迫切，就越容易引起并推动人们的活动。需要的满足是为了人的生存和发展。马克思认为，“需要是人对物质生活资料和精神生活条件依赖关系的自觉反映”①。需要具有明显的个体独特性，人与人之间的需要既有共同性，又有独特性。由于生理因素、遗传因素、环境因素、条件因素不同，每个人的需要都有自己的独特性。年龄不同的人、身体条件不同的人、社会地位不同的人、经济条件不同的人，都会在物质和精神方面有不同的需要。

正确的、符合道德规范的需要，有助于培养良好的个性、良好的情绪和良好的意志；不正确的、不符合道德规范的需要会导致不良的个性、不良的情绪、不良的意志品质。美国著名社会心理学家亚伯拉罕·马斯洛在其《动机与人格》一书中提出：“人是一种不断需求的动物，除短暂的时间外，极少达到完全满足的状况，一个欲望满足后往往又会迅速地被另一个欲望所占领。人几乎总是在希望什么，这是贯穿人生的特点。”② 人的需要具有无限性，而需要的满足又具有受限制性，需要的无限性与满足需要的受限性这一对不可调和的矛盾，往往

① 《马克思恩格斯选集》第2卷，人民出版社1995年版，第164页。

② ［美］亚伯拉罕·马斯洛著：《动机与人格》，许金声等译，中国人民大学出版社2013年版，第7页。

会导致犯罪行为的产生。可以说，满足需要的方式决定着行为的性质。任何腐败者，就其需要结构而言，都脱离了社会的常规，其需要超越了该社会条件下人的正常需要和合理需要的范围，或者说，他的需要的满足，超越了该社会道德和法律许可的范围。当他的需要得到满足时，另一些人和社会利益就受到损害。如果他满足需要的方式和手段超越法律许可范围，他的行为就是违法犯罪。一些公职人员步入贪污受贿的腐败歧途，与其需要结构的变化直接有关。具体表现为：在自然性需要和社会性需要的关系上，低级的、生理的，甚至是情欲的自然性需要占有重要地位，能够压倒社会性需要。在精神需要和物质需要的关系上，对物欲和金钱的强烈占有欲望，常常使腐败者不顾一切地实施贪污受贿的腐败活动；在精神需要上，他们也是空虚的、阴暗的，十分狭隘和自私自利的。所有这些构成了需要方面的畸形发展，形成其享乐主义的物质需要占优势、精神需要上强烈的虚荣心理等为主要特征的需要结构。

三、需要转化为动机才成为行为的内驱力

内驱力是指在需要的基础上产生的一种内部唤醒状态或紧张状态，表现为推动有机体活动以达到满足需要的内部动力。内驱力是个体在环境和自我交流的过程中产生的，具有驱动效应的，给个体以积极暗示的生物信号。其实质是一种无意识力量，源于最原始的、积累了

整个历史经验的心理体验在人脑中的反映。动机是在需要的基础上产生的，但需要并不就是动机。只有当需要推动人们去活动，并把活动引向某一目标时，需要才成为人的动机。心理学研究表明，需要是一切行为产生的源泉，而需要只有转化为动机才能成为推动和维持个体行为的内部动力。心理学家苏常浚指出："一般来说，主体由需要产生的欲望，往往呈现为抽象的意念。这种意念还没有明确的对象，只反映为主体的内心需要。它是主体活动的内驱力，还不是活动的动机。只有主体的欲望与客观世界中的具体对象建立了心理联系的时候，才变成真正的动机。""主体的需要一旦转化为动机，就成为推动实践活动的巨大力量。"[①] 需要是产生内驱力的基础，内驱力是需要寻求满足的条件。驱力理论认为，当有机体的需要得不到满足时，便会在有机体的内部产生所谓的内驱力刺激，这种内驱力刺激引起反应，而反应的最终结果则使需要得到满足。当人的某种需要没有得到满足时，它会推动人去寻找满足需要的对象，从而产生活动的动机。人的行为是个体与环境相互作用的结果，社会环境产生了人的需要，需要产生人的动机，动机支配人的行为。一定的行为结果经过反馈，调节需要，强化动机，重新支配人的行为。这种体现诸因素相互作用、相互制约的周期运动，形成人们的心理和行为活动过程。

① 苏常浚：《基础心理学讲话》，人民出版社1982年版，第155页。

一般来说，当人产生某种需要而又未得到满足时，会产生一种不安和紧张的心理状态，会积极地去寻找满足需要的目标。在遇到能够满足需要的目标时，这种紧张的心理状态才转化为动机，推动人们去从事某种活动，去追求目标的实现。当人达到目标时，紧张的心理状态就会消除，需要得到满足。这时，人又会产生新的需要。这是一个不断循环往复的过程，使人不断去追求新的目标。正如马克思所说："已经得到满足的第一个需要本身、满足需要的活动和已经获得的为满足需要用的工具，又引起新的需要。"①

第二节　诱因是行为的拉动力

社会心理学中的场动力理论认为，人的心理和行为决定于内部需要和环境的相互作用，它借用物理学中"磁场"的概念，把人过去和现在形成的内在需求看成内在的心理力场。当人的需要未得到满足时，会产生内部力场的张力，即紧张状态，而环境起着导火索的作用。人的行为取向取决于内部力场和环境力场的交互作用，而主要的决定因素是内部力场的张力。

勒温认为，个体与环境间的相互作用而产生的心理紧张系统是个体心理与行为的动力本质。他指出："处于

① 《马克思恩格斯全集》第3卷，人民出版社1960年版，第32页。

特定生活空间下的个人，其身心需要与发展愿望往往产生一种心理上的紧张或张力，通常情况下个体倾向于不断消除或缓解自身的心理张力，实现心理平衡，而心理张力的消解依赖于需要与愿望的满足与实现，这就需要个体在紧张性力场下，不断调整自身的身心状态、认知理念、动机水平、行为意愿等，以此更好地实现与环境的相互作用，达到个体内在心理和外部环境的平衡和谐状态。因此，个体行为动力的产生源自对心理失衡的不断消解和对多方平衡的持续追求。”①

此外，勒温的动力论还指出，个人的行为动机不仅与其内在的心理需要有关，还与目标的吸引力和个人对目标实现的自我效能感相关，个人的心理需要是个体行为得以发生的基础，心理环境是支撑个体行为的条件。所以，对个体行为动力及其心理机制的研究，离不开对个体产生影响的各种客观环境因素的分析。

诱因是指能满足有机体需要的物体、情境或活动，是有机体趋向或回避的目标。诱因依赖于我们过去的经验，当过去我们曾因为某种原因得到过收益或风险时，诱因就会对我们的行为起到决定性的作用。诱因具有唤起行为并指导行为的双重功能，一方面诱因唤醒有机体，使处于潜意识状态的内驱力转变成意识状态的内驱力；另一方面诱因又能够激起有机体的定向行为，指导有机

① 转引自李保玉：《勒温场动力理论视域下新建本科院校教师专业发展的动力机制探析》，《大理大学学报》2017 年第 7 期，第 92 页。

体的行为朝向或离开诱因。动机是由某种欲求或需要引起的，但并不是所有的需要都能转换为动机，需要转化为动机必须满足两个条件：第一，需要必须有一定的强度。就是说，某种需要必须成为个体的强烈愿望，迫切要求得到满足。如果需要不迫切，则不足以促使人去行动以满足这个需要。第二，需要转化为动机还要有适当的客观条件，即诱因的刺激，既包括物质的刺激也包括社会性的刺激。有了客观的诱因才能促使人去追求它、得到它，以满足某种需要；相反，就无法转化为动机。通常把直接推动行为的内部原因称为动机，把激起行为的外部原因称为诱因。能满足需要并引起有机体的趋向性活动的刺激物或情境称为正诱因，妨碍需要的满足并引起有机体的回避性活动的刺激物或情境称为负诱因。诱因理论认为，有机体总是趋利避害，追求正诱因，避开负诱因。

在心理学中诱因与驱力同为决定活动动机产生的不可缺少的力量。它诱发活动的产生，并规定活动的具体对象和引起实际的活动。由于人类需要的发展性及其复杂性，能引发人类活动的诱因也非常丰富和复杂。有些和人类物质需要的满足有关，有些和人类精神需要的满足有关。前者可以称为物质诱因，后者可以称为精神诱因。诱因是行为目标对行为者的刺激，当有机体在个体活动中把自己的各种需要与能满足其需要的物体、情景联系在一起，这些物体就成为行为的目标，并由此唤起具体的目标行为。例如，某人到财务室办事，正巧财务人员不在，而装钱的抽屉又没有上锁。这两点诱因会唤醒此人的某些非分想法，认为顺手牵羊可能不会被人发现，而自己又获得了钱。客观条件诱使此人将装在抽屉中的钱拿走。还有一些案例也都说明了诱因在犯罪动机产生中具有重要作用。

20世纪50年代以后，许多心理学家认为，外部刺激（诱因）在唤起行为时起着重要的作用，并认为诱因能够唤起行为并指导行为。诱因与需要是不可分开的，诱因是由外在目标所激发，只有当它变成个体内在的需要时，才能推动个体的行为，并有持久的推动力。动机是由需要与诱因共同组成的。因此，动机的强度或力量既取决于需要的性质，也取决于诱因力量的大小。实验表明，诱因引起动机的力量依赖于个体达到目标的距离。距离太大，动机对活动的激发作用就很小了。人有理想、有抱负，他的动机不仅支配行为指向近期的目标，而且能指向远期的目标。因此，空间上邻近的目标，不一定具有最大的激发作用。动机的社会意义与动机的力量也有直接的关系。成就理论告诉我们，除了目标的价值以外，个体对实现目标的概率的估计或期待也有重要的意义。

动机是由需要与诱因共同组成的，人的行为取决于需要与诱因的相互作用。动机的强度或力量既取决于需要的性质，也取决于诱因力量的大小。需要比较内在、隐蔽，是支配有机体行动的内部原因（内驱力）；诱因是与需要相联系的外界刺激物，它吸引有机体的活动，并使需要有可能得到满足。当机体达到了某种目标，满足了相应的需要，就会降低相应的动机，使机体处在相对不活跃的状态。因此，没有需要，就不会有行为的目标；相反，没有行为的目标或诱因，也就不会有某种特定的需要。诱因是个体行为的一种能源，促使个体去追求目标。诱因由外在目标所激发，只有当它变成个体内在的需要时，才能推动个体的行为，并有持久的推动力。动机必须有目标，个体对目标的认识，由外部的诱因变成内部的需要，进而成为行为的动力，并推动行为。目标是个体努力要达到的具体成绩标准或结果，是个体期望的未来状态。作为个体外在行为内驱力的动机具有明确的目标，正是明确的目标引导着个体行为的方向，并且提供原动力。动机是直接推动有机体活动以满足某种需要的内部状态行为的直接原因和内部动力。有机体的各种行为和活动都是由动机所引起的。动机由内驱力和诱因两个基本因素构成。内驱力是个体内部推动行为的力量。诱因是行为目标对行为者的刺激。内驱力是动机中“推”的力量；诱因是动机中“拉”的力量；人的动机行为正是在这一推一拉中实现的。

人类的动机行为是一系列的预期、判断、选择，并朝向目标的认知为基础的。行为的结果会对人的动机产生很大影响，从而使行为在后续得以增加或减少。在勒温的场动力理论中，行为或心理活动目标也具有一种力，称之为引拒值。正的引拒值具有吸引力，负的引拒值具有排斥力，所以人的行为不单是由于内在需求和紧张的推动，而且还由于目标本身的吸引（或排斥），需求的强度增加，与该需求有关的目标的引拒值也会增加，而引拒值的增加，又会反过来影响到需求的强度。这正如一个人越是饥饿，食物对他的吸引力便越大；食物的吸引力越大，人内存的求食愿望便越强。相应的，贪欲越强，腐败行为越剧烈。这也是腐败分子受贿数额动辄千万元甚至以亿元计而仍不知收手的原因之一。

驱力理论的主要支持者赫尔认为，驱力是动机结构，它能为机体的潜力提供动力，促使有机体采取行动，以消除需要唤起的紧张状态。当紧张状态得以降低或消除后，驱力的动机作用也随之减少。

第三节　自控力是行为的制动力

《论语》中说：“乐而不淫，哀而不伤。”荀子也曾说：“怒不过夺，喜不过予。”人生路上诱惑种种，只有具有自控力的人，才能抵御诱惑一路坦途；只有能够控制住自己的人，才能掌握自己的命运。自控力是指个人面对诱惑及冲动时自我控制和调节思想感情、举止行为的能力。自控力强大，人既善于激励自己勇敢地去执行采取的决定，又善于抑制那些不符合既定目的的愿望、动机、行为和情绪。由于欲望具有不知餍足的特性，其过度释放会产生破坏性的力量。可见，理性控制欲望对于建立合理的、健康的需要结构十分重要。

内驱力源于需要，需要本身具有丰富性、无限发展性、带社会属性的个体性等特点，个体满足需要的行为方式是多种多样的，导致了内驱力方向的不特定性。当内驱力的方向与外部社会规范的要求相吻合时，自我调节转化为推动力，加速动机的形成；当内驱动力的方向与外部社会规范要求不吻合时，外部社会规范将对内驱动力作出否定性评价，意识个体为使其行为符合社会规范，这时自我调节力便转化为自我控制力。这时，需要所引发的内驱力与自控力就形成了冲突，并阻碍内驱力发展为动机。当自控力不足以控制不良内驱力时，个体便会产生不良（犯罪）动机；当自控力足以控制不良内驱力时，个体不会产生不良（犯罪）动机。犯罪产生是不良内驱力与自控力矛盾双方多因素共同作用的结果，当不良内驱力大于自控力时犯罪容易发生，当自控力大于不良内驱力时，犯罪不会发生。

心理学有个“逆转性动机斗争”概念，是指反对动机战胜反社会动机，最终未形成犯罪动机的一种动机冲突。反对动机表现为畏惧法律的威慑力，害怕道德舆论的谴责，担心失去亲友尊重而孤立，同情被害人等。反对动机与反社会动机的强度决定动机冲突的结果。若反社会动机强于反对动机，则动机冲突朝着犯罪动机形成的方向发展；若反对动机强于反社会动机，则动机冲突朝着逆犯罪动机形成的方向发展，犯罪动机被抑制。此种冲突亦可发生在犯罪动机形成后或犯罪行为实施过程中。当新的反对动机战胜犯罪动机，动机斗争的结果即导致犯罪动机的消失和犯罪行为的中止。这也是为什么有的需要发展成为动机，而有的需要并没有发展成动机的心理机制所在。大量案例表明，公职人员萌发腐败动机，是内在不良需求与思想道德防线失守、腐败机会的客观存在、腐败成本较低、社会环境不良因素影响共同作用的结果。

个体自控力是后天形成的。个体在长期的成长过程中，经过不断的奖励与惩罚的刺激所形成的条件反射，个体逐渐知道了哪些行为可以做，哪些行为不能做，形成社会规范的趋同意识，产生个体的自控力，在需要发生矛盾冲突时，作出取舍选择。自控力的强弱受社会存在和社会意识等外部因素的影响比较大，同时也与自然环境因素以及个体生理、心理、智力、体力等因素有关。斯坦福大学教授凯丽·麦克尼格尔在《自控力》一书中谈到，自知之明是自控的基础，提高自控力的最有效途径在于弄清自己如何失控，为何失控。

第四节　行动力受制于心理预期

心理学研究表明，人类的行为经常不是受他们行为的直接结果影响，而是受他们预期行为将会带来什么结果所支配。班杜拉不仅指出结果期待对人的行为产生重要的影响，而且强调效能期待在调节人的行为上具有更重要的作用。行为学家总是经常通过测度行为人在近似情况下对事件结果的期望，去探知此人的“综合期望”心理，从而判断其要以某种方式行动。西方学者朱利安·罗特通过在行为科学领域深入研究后认为，某种特定情境中的行为能否产生，很大程度上取决于个体的期望以及对事情结局的重视程度。

一、弗鲁姆的期望理论

美国心理学家弗鲁姆在 1964 年出版的《工作与激励》一书中提出了期望理论。他认为，个体从事某种行为的动力，取决于行为目标的价值以及他对达到该目标可能性的期望。如果个体要完成的活动比较容易，而且结果的价值很高，那么活动的动机就较强；反之，如果活动的结果没有什么价值，或者虽然目标的价值很大，但实现目标的期望很小，个体活动的动机就较弱。需要注意的是，估计本身是一个主观的过程，因此，对于同样的目标，不同个体对其价值及其实现可能性的估计可能也会不同。弗鲁姆认为，人们采取某项行动的动力或激励力取决于其对行动结果的价值评价和预期达成该结果可能性的估计。换言之，激励的大小取决于该行为所能达成目标并能导致某种结果的全部预期价值乘以他认为达成该目标并得到某种结果的期望概率。这一理论可以用下列公式表示：

$$M = \sum V \times E$$

其中，M 表示激励力量，V 表示目标效价，E 表示期望值。激励力量是指调动一个人积极性，激发人内部潜力的强度。目标效价指达到目标对于满足个人需要的价值。期望值指人们根据一个人的经验判断一定的行为能够导致某种结果和满足需要的概率。该公式说明，假如一个人把目标的价值看得越大，估计能实现的概率越高，那么激发的动机越强烈，焕发的内部力量也就越强大。

期望目标与实际结果相比较可能有三种情况：

第一，实际结果>目标。人们会感到格外高兴，激发的力量最大。

第二，实际结果=目标。即一切结果均在意料之中。这时能使人产生成功感和满足感，但积极性只能维持在原期望值水平，不会激起新的动机。

第三，实际结果<目标，使人产生消极力量和挫折感，对实现新的目标缺乏热情。

期望理论的贡献在于它揭示了人们在激励—目标过程中发生的共同心理规律，即个人作出某种努力是为了得到一定的实际结果来满足自身的某种需求，而且人们对这一结果有一种期望和估计，人们总是在认为有可能实现这一结果的前提下采取有效行动。

二、丹尼尔·卡内曼和特沃斯基的展望理论

1979年，美国普林斯顿大学心理学教授丹尼尔·卡内曼和特沃斯基提出展望理论（也称前景理论），认为个人基于参考点位置的不同，会有不同的风险态度。该理论针对长期以来沿用的理性人假设，从实证研究出发，从人的心理特质、行为特征揭示影响选择行为的非理性心理因素。通过一系列的实验观测，展望理论认为，人在不确定条件下的决策选择，取决于结果与展望（预期、设想）的差距而非结果本身。即，人在决策时会在心里预设一个参考标准，然后衡量每个决定的结果与这个参考标准的差别是多大。例如，一个人展望（预期）能得到奖金500元，当他的决策让他得到奖金500元，他会觉得没什么；若他有办法得到多于预期的500元，多数人会审慎地考量这一方法（决策）带来的风险，以免失去展望（预期）回报。如果相反，即使他有另一个比较安全，但让他少得100元奖金的办法（决策），那多数人会宁可冒较大风险，以获取展望（预期）回报。由此理论，可引申结论如下：大多数人在面临获利的时候是有风险规避意识的；大多数人在面临损失的时候是有风险喜好倾向的；大多数人对得失的判断往往根据参考点决定。丹尼尔·卡内曼和特沃斯基通过实验对比发现，大多数投资者并非是标准金融投资者而是行为投资者，他们的行为不总是理性的，也并不总是风险回避的。投资

者在投资账面值损失时更加厌恶风险，而在投资账面值盈利时，随着收益的增加，其满足程度速度减缓。

人性不是抽象的，所以动机也不是抽象的。在特定的社会里，生产力和生产关系的基本模式决定着动机的基本模式。满足需要的手段更是如此，即使是最基本的需要，在不同的社会里也有不同的满足手段。自然，不同的满足手段又会进一步引起不同的动机。美国心理学家朱利安·罗特认为，一种行为被选择的可能性，取决于行为者认为它所能够带来回报（强化）的多少，以及他认为他实施该行为能带来该回报的可能性（即有多大的成功率）。就研究腐败分子的行为活动而言，这一关于“人们总是带着他（或她）对行动结果的综合期望去进入行为状态”的学说，无疑具有启示意义。在某种意义上可以说，对目标实现的综合期望大小临界值是腐败行为实施与否的“启动阀”。如果把罗特的学说运用到腐败行为研究中，可以断言，腐败分子实施权力滥用的行为是希望据此获得个人私利的满足。上述理论启示我们，在治理腐败中，要着力控减腐败行为的“成功率”，使其深切感受到腐败行为期望结果难以实现，从而“知难而退”，放弃腐败行为。

第五节　行为受心理暗示影响

通常情况下，人都会受到心理暗示。所谓暗示，是指人或环境以非常自然的方式向个体发出信息，个体无意中接受了这种信息，从而做出相应反应的一种心理现象。[①] 心理学家巴甫洛夫认为，暗示是人类最简单、最典型的条件反射。从心理机制上讲，它是一种被主观意愿肯定的假设，不一定有根据，但由于主观上已肯定了它的存在，心理上便竭力趋向于这项内容。在无对抗的条件下，心理暗示用含蓄、抽象诱导的间接方法对人们的心理和行为产生影响，从而诱导人们按照一定的方式去行动或接受一定的意见，使其思想、行为与暗示者期望的目标相符合。美国田纳西州有一座工厂，许多工人都是从附近农村招募的。这些工人由于不习惯在车间里工作，总觉得车间里的空气不好，因而顾虑重重，工作效率自然降低。后来厂方在窗户上系了一条条轻薄的绸巾，这些绸巾不断飘动着，暗示着空气正从窗外涌进来。工人们由此去除了“心病”，工作效率随之提高。有人还做过另外一个实验，分别让两组学生朗读同一首诗。第一组在朗读前，主试告诉他们这是某著名诗人的诗，这就是一种暗示。对第二组，主试不告诉他们这是谁写的诗。朗读后立即让学生默写。结果是第一组的记忆率为 56.6%；第二组的记忆率为 30.1%。这说明权威的暗示对学生的记忆力很有影响。可见，暗示在本质上，是人的情感和观念，会不同程度地下意识地受到别人的影响。

---

① 《心理学大词典》，北京师范大学出版社 1989 年版。

心理学家在对个人决策和判断的心理过程研究后认为，人的判断和决策过程，是由人格中的“自我”部分，在综合了个人需要和环境因素之后作出的；人的决策和判断过程，是由人格中的“自我”部分，在综合了个人需要和环境因素之后作出的。但是，对大多数人而言，个体人格中的“自我”是难以臻于完美，甚至是存在缺陷的，这必然或多或少地影响着个体的决策和判断，也给个体周边因素的影响留出了空间，提供了可能。心理暗示“润物无声”作用的发挥，正是在个体人格中的“自我”不够完美情况下实现的。对一些腐败案例的实证分析表明，腐败的心理暗示在有些公职人员走上贪腐之路上起到了“推波助澜”的作用。这在单位“塌方式”腐败的“串案”“窝案”中尤为明显。

心理学认为，人们都有一种自我维护的倾向，更多地愿意按照自己的意愿作出决定，并坚持自己的决定，而不愿意受别人的干涉或控制。从这一心理现象可见，暗示的作用往往比直接劝说作用明显。“罗森塔尔效应”表明，一定的心理暗示会对个体的期望和定位产生强烈的倾向性影响。心理学认为，人们都有一种自我维护的倾向，更多地愿意按照自己的意愿作出决定，并坚持自己的决定，而不愿意受别人的干涉或控制。

第/三/章

影响个体实施腐败的心理因素

个体行为带有一些普遍的特征，表现为：一是行为的自发性，个体行为是具有其内在的动力自动发生的，外在环境因素可以影响个体行为的方向与强度，但不能发动个体行为；二是行为的因果性，我们可以将行为看作是一个表现出来的结果，则这个行为必然存在事先的一个原因，当然，在行为产生之后，这个行为又可能成为下一个行为促发的原因；三是行为的主动性，个体行为不是盲目的，任何行为的产生绝不是偶然出现的，都受个体的意识支配，行为者可能并不自觉地意识到导致自己行为的原因，但这绝不证明他（她）不受自己意识的控制；四是行为的持久性，由于行为是有目的性的，是个体主动作出的，通常在个体没有达到自己的目标之前，这种行为也不会停下来；五是行为的可变性，个体在追求个人目标时会根据环境的变化，选择最有利的方式，以达到个人目标。

人的行为主要地受自我调节的影响，受到来自于自身思想认识、情感、意志、信念等的支配影响。计划行为理论认为，所有影响行为的因素都通过行为意向来间接影响行为的表现，而行为意向还受到行为态度、主观规范和个体知觉行为控制的影响。

第一节　意 志 力

一、意志对行为有调节控制作用

《心理学大辞典》对意志的定义是："意志是个体自觉地确定目的，并根据目的调节支配自身的行动，克服困难，实现预定目标的心理过程。"[①] 知（认知）、情（情感）、意（意识）是人类心理活动的三种基本形式。人们总是要首先通过认知解决"这是什么"的问题，然后通过情感活动评价这事（物）对自己的意义，即"对我有何用"。在了解事物及其对自己价值基础上，个体便会对自己将采取的行动作出决断，即决定"我该怎么办"。这是一个从认知到情感再到意志的过程，在这个过程中意志控制着情感，情感又控制着认知，意志在整个过程中起着发动行动或抑制行动的调节作用。不受意志调节的行动必然是盲目的自然冲动。公职人员对于腐败的为或不为，同样也遵循着知、情、意三种基本的主观意识过程。在认知阶段，公职人员对腐败本质是滥用权力谋取私利的可耻行为形成认知；在情感活动阶段，能作出实施腐败行为会导致既受到党纪国法惩处，个人身败名裂，又连累家人子女得不偿失的价值判断；有助于个人在意

① 《心理学大辞典》，上海教育出版社 2013 年版，第 155 页。

志阶段就“怎么办”问题，作出腐败不可为的正确选择。

二、意志决定动机斗争的方向

人的行为是由各种不同的动机决定的，而人的行为又是具有目的性、方向性的。从产生动机到明确行为的目的、方向，采取具体行动的心理过程就是人的意志过程。意志调节功能实质上是一种对诱惑的抗御能力和对行为的自控能力，它表现在当个人需求与道德、法律规范发生矛盾时，能自觉地遵守道德、法律规范，以顽强的意志品质抑制个人需求，并寻求合法的渠道来逐步满足合理需求，打消非分需求的念头。马卡连柯说过：“坚强的意志——这不但是想什么就获得什么的那种本事，也是迫使自己在必要时放弃什么的那种本事……没有制动器就不可能有汽车，而没有克制力就不可能有任何意志。”① 意志调节功能的完善，是个体社会化成熟程度的重要标志，它是防止个体违法犯罪最重要的关口。

人的意志具有明确的目的性，它既能发动符合于目的的某些行动，又能制止不符合目的的某些行动。意志活动的运行程序大致可分为五个阶段：

（一）动机斗争。个体是否实施某一具体行为是其有意识的意志行为。任何意志行动都与一定的动机相联系，是由一定的动机引起的，但具有了动机并不必然产生与

① 《马卡连柯全集》第四卷，人民教育出版社 1957 年版，第 512—513 页。

之相应的行动。动机是否转化为具体的实际行为，以及采用何种行为方式等都需要行为主体的抉择，需要进行具体的动机斗争。动机斗争的过程是对各种动机权衡轻重，评定其社会价值的过程。这个过程可以明显地看出一个人的意志是否坚强，意志坚强的人善于原则地、深刻地权衡各种动机，并且及时选择正确的动机。而意志薄弱的人，则常常长久地处于犹豫不决的矛盾状态，甚至在作出决定以后，也很容易改变决定。一个人业已形成的行为、理想、世界观和道德品质对其动机斗争的过程起着制约的作用。

（二）确定行动的目的。每一个意志行动都有行动的最终目的，它是个体在行动之前就已预先确定的。“鱼和熊掌不可兼得。”在许多场合，由于个体动机是复杂的，个体常常同时有几个彼此不同甚至相互抵触的目的，这需要行为主体及时作出决断。目的对行为具有导向作用。目的不同，其行为必然不同，其结果也必然不同。对于手握公权力的公职人员而言，行使目的是为人民服务，还是谋求个人私利，其结果有云泥之别。那些将公权力行使目的设定为谋取私利的公职人员无一例外地堕入了贪腐的泥淖。

（三）选择达到目的的行为方式和方法。在许多情况下，达到同一目的的行为方式和方法可以有多种选择，这就需要个体意志作用的发挥，推动符合社会规范、个人意愿的正当的行为方式和方法去实现预期的目的；抑制不符合社会规范、个人意愿的不正当的方式和方法去实现预期的目的。人人都有过上“好日子”的权利和愿望，但如何达成过上“好日子”的目的，奉公守法、廉洁持家是方式和方法，以权谋私、不择手段亦是方式和方法，两种截然不同的方式和方法，社会评价及最终结局亦截然不同。无数事实证明，腐败分子都是在选择达到目的的行为方式和方法上出了差错，一失足成千古恨的。

（四）作出实现意志行动的决定。动机斗争、行动目的和行为的方式、方法的权衡比较，最后以作出决定而告终。有时在作出决定时，相互斗争的动机都仍保持其力量；作出有利于某种动机的决定，并不是由于别的动机已经失去吸引力，而是意识到采取这样的决定是必要的，因此其他动机只是受到压抑，而动机间的冲突没有真正得到解决，这就可能导致以后的反复。

（五）实现所作出的决定。实现所作出的决定必须克服遇到的各种困难，意志不仅表现在善于坚持贯彻既定的决定上，也表现在善于在必要时果断地放弃不符合客观情况的决定，采取新的决定。责任感、义务感在实现决定的过程中起着决定作用，荣誉感则在此过程中也起着巨大的鼓舞作用。

三、意志力与自制力始终联系在一起

自制力是个人控制和调节自己思想感情、举止行为的能力，体现为既善于激励自己勇敢地去执行采取的决定，又善于抑制那些不符合既定目的的愿望、动机、行为和情绪。意志的内容和特性决定了意志的发生要依赖于一定的自我意识能力、理智能力和自我控制能力。因为目的性是意志的一个首要特征，这一特征意味着意志的形成和培养，首先是建立在对客观事物和自我及其相互关系深刻认识的基础之上。只有这样，才能确定人们的目的，然后根据行动的目的和方法来改造客观世界，在这一系列的行动中就体现出人的意志。同时，意志是和克服困难联系在一起的，在人们的行动中总会遇到各方面的困难和障碍。这就需要我们有克服困难的勇气和决心，并把这种勇气和决心付诸行动和实践。个体抵制各种诱惑也需要意志力的发挥。因此，一个人的意志力总是和他的理智力和自制力联系在一起的。正是意志的这一特点，使得意志和情感区分开来，并且使人的情感在其意志的控制和调节之中。

第二节　态　　度

态度是个体对特定对象（人、观念、情感或者事件等）所持有的稳定的心理倾向。这种心理倾向蕴含着个体的主观评价以及由此产生的行为倾向性。

一、态度对个体行为的影响

行为是人在环境的影响下，引起的内在心理变化和心理变化的外在反应。或者说，人的行为是个体与环境交互作用的结果。人的行为不仅是由人的动机决定的，同时还包含着态度的意向成分。态度决定行为，行为是态度的外部表现。积极的态度容易产生积极的行为，而消极的态度则易产生消极的行为。态度和行为虽然不是一对一的关系，但是态度通过影响认知判断、行为效果和对挫折的忍耐力影响制约着行为。态度也是预测行为的最好途径。美国心理学家阿尔波特认为，态度是“在过去经验的基础上产生的，对个体在处理与之发生联系的情景和客体的行为动作（反应）上起着控制性影响的准备性心理状态”。美国社会心理学家弗里德曼等在1981年出版的《社会心理学》专著中以概括归纳的方式提出：态度是对任一特定事物、观念或人都带有认知的成分、情感的成分和行为倾向的持久系统。这里认知成分是由个人对于有关对象的信念构成的；情感成分是由和这些信念有联系的情绪体验构成的；行为倾向是指行为反应的准备状态。美国心理学家戴维·迈尔斯则认为，态度是对某物或者某人的一种喜欢或者不喜欢的评价性反应，在人们的信念、情感和倾向中表现出来。戴维·迈尔斯指出，态度的结构涉及情感、行为意向和认知三个维度。认知因素是个人对态度对象带有评价意义的叙述。叙述的内容包括个人对态度对象的认识、理解、相信、怀疑以及赞成或反对等。情感因素是个人对态度对象的情感体验，如尊敬—蔑视、同情—冷漠、喜欢—厌恶等。行为意向因素是个人对态度对象的反应倾向或行为的准备状态，也就是个体准备对态度对象作出何种反应。

态度一旦形成便成为个性的一部分，直接影响着个体的行为。苏联心理学家认为，可以把态度看成是个人在行动之前的一种特殊调整状态，态度固有一种明显的趋向，这种趋向是指个体在实现角色愿望的过程中比较固定地形成一些行为方式。态度不但影响个体的行为方向性、目的性，而且还影响个体对信息获得的选择。人们总是易于接受与自己既有态度相一致的信息，而对于与已态度不符的信息持有排斥、抵触。而且不同的态度也体现着不同的价值观，影响着人们对人生道路、人生目标的选择。

费斯廷格的认知不和谐理论认为，个体很有可能在面对重大事件或者难以决断事件的时候，会产生极强的不和谐感，并很可能以态度的改变来消除这种不和谐。态度是行为的决定因素，也是预测行为的最好途径。但是态度和行为在特殊的个体和环境下也会相互冲突。个体的行为一旦形成也会对态度产生反作用，如一个人，先有某种行为（无论主动或被动），长期的行为坚持下来，养成了自然而然的习惯后，开始真正改变态度。

二、态度是个体社会化的产物

态度不是一成不变的，随着周围环境的变化，人们对事物的态度也会发生相应的转变。然而，态度的形成与转变，又是以个体的价值体系为基础的，因此，价值体系不同的人们必然会产生出各不相同的态度。在社会生活中，由于态度与经验有密切关系，当个人对某一对象产生不同的认知经验时，会产生不同的态度反应。态度能影响人们的思想、行为，并且支配个人对人或事物的评价，产生不同的意见或偏见。所以，要使某个社会成员的行为符合社会的规范，就必须使该社会成员拥有与社会规范要求相一致的心理倾向（态度）；同样，要改变某个人的行为，就有必要首先改变他对该行为的已有心理倾向。

态度是在个体的社会生活中经过学习而逐渐形成的，是个体社会化的产物。马克思说："人是最名副其实的社会动物，不仅是一种合群的动物，而且是只有在社会中才能独立的动物。孤立的一个人在社会之外进行生产，就像许多个人不在一起生活和彼此交谈而竟有语言发展一样，是不可思议的。"① 人是社会中的人，社会是人得以存在和发展的前提条件。人的社会化就是将外在于自己的社会行为规范、准则内化为自己的行为标准的过程。

① 《马克思恩格斯选集》第 2 卷，人民出版社 1995 年版，第 87 页。

社会对于一个人的要求、期望，直接决定于他在社会结构中所处的位置和所担负的社会角色。心理学的社会认知理论认为，人在进行某一行为前，首先会对自身行为进行定义。而个体对自身社会角色的感知，直接影响着其对行为性质的判断（行为定义）。因此，一个人的社会环境与社会生活首先是与其社会角色相一致，并依据社会对于相应角色的要求和期待而被系统化的。每个人必须经过社会化才能使外在于自己的社会行为规范、准则内化为自己的行为标准，从而融入社会和影响社会。社会化是个体持续一生的过程。个体是社会化的第一主体，社会化往往是个体主动学习和选择的过程。但个体的社会化同时又受到家庭、学校、工作单位、社会组织（如政党社团等）、社交之人（包括邻居、朋友等）、各种媒体（如报刊、网站、影视等）的影响。社会化促进个性形成和发展，培养自我观念，对于人格的形成起着重要的作用。每个人都有自己的个性特征，但是在正常的社会化过程中形成和发展起来的个性也都应是符合社会价值标准的个性。个性与社会价值标准相吻合，能存在共同点，即能够有效地参与社会生活，社会学称之为个性调适或人格调适。培养和塑造个人什么样的自我观念对个人和社会来说是极为重要的基础。

态度可以通过学习形成，学习的过程也就是态度形成的过程。苏联心理学家维果茨基曾经说过，人之所以会变成他自己，是以他人作为参照系来对照自己的行为后果。马克思、恩格斯指出："一个人的发展取决于和他直接或间接进行交往的其他一些人的发展。"[①] 美国社会学家库利在《人类本性与社会秩序》一书中提出了"镜中我"的概念，他认为，人的行为很大程度上取决于对自我的认识，而这种认识主要是通过与他人的社会互动形成的，他人对自己的评价、态度等，是反映自我的一面"镜子"，个人通过这面"镜子"认识和把握自己。态度的社会引导要以榜样和典型为载体。榜样的力量是无穷的，其无穷的力量就在于榜样是生活在我们周围的活生生的形象，因而有直观性、真实性，可比可学性。同时，榜样是为社会主体规范所肯定（奖励）的，为每个社会成员设定了行为模式典范，在这里榜样已是社会规范的具体体现，具有社会规范的鲜明特征。因而，榜样具有极大的感染力、号召力和模范作用。班杜拉认为，"观察者在观察榜样的过程中获得榜样的印象，这个印象将引导观察者采取适当的行为"。[②] 在他看来，模仿是人类一种先天的自然需要，人的个性是在观察与模仿过程中完善起来的。班杜拉指出："当错误很可能造成重大或致命的后果时，社会楷模的呈现就是传递并修正行为不可缺少的工具。真的，假使一切社会学习历程都必须建立在酬赏和惩罚上，也许多数人已经无法从社会化历程

① 《马克思恩格斯全集》第3卷，人民出版社1976年版，第515页。

② 周冠生：《人性的探索个性心理学原理》，上海教育出版社1989年版，第180页。

中存在。”[①] 在个体态度形成过程中与其有密切交往的人的影响不可低估，人们往往会无意识地遵循和接受同伴的观点、意见，与同伴保持一致的态度。有句俗话是“近朱者赤，近墨者黑”，在心理学上这种现象被称为链状效应，它是指人在成长中的相互影响以及环境对人的影响。利用链状效应，就是要优化公职人员周围的环境，选树廉政典型，开展廉政先进分子与组织内成员的互动。其次，一个人的经验往往与其态度的形成也有着密切的联系。生活实践证明，很多态度是由于经验的积累与分化而慢慢形成的。

心理学家墨菲的实验证明，正确的社会态度离不开潜移默化的教育引导。在实验前，他首先随机把被试者分为两组（实验组和控制组），并对每个成员进行态度测量，证实两组被试者对种族歧视的态度是基本相同的。然后让实验组的被试者看宣传黑人成就的电影、电视或画报。如放映黑人在世界运动会上取得成绩的电影，放映黑人在科学技术上取得成就的电影等，而不让控制组的被试者参加。结果发现，实验组的被试者对黑人的态度发生了显著的改变，而控制组的被试者对黑人的态度则没有变化。这个实验充分证明教育引导在改变个人行为态度方面的明显作用。

---

① 周冠生：《人性的探索个性心理学原理》，上海教育出版社 1989 年版，第 180 页。

三、个体所处环境影响态度取向

作为社会个体的人是生活在一个个相关群体中的。社会心理学一致性理论认为，人们在认识中有一种寻求一致或和谐的倾向，而这种倾向正是影响个体态度的一个重要因素，个体为了追求与外部环境的一致，有时候甚至以不合理的方式来达到自己认为的合理，即自身感到和谐。心理学研究表明，群体成员有受群体心理气氛的影响，企求与群体中多数人在态度和行为上相一致的从众现象。从众现象是指群体成员在真实的或想象的群体压力下其行为或信念上的改变，及其伴随的行为方式。这个定义的实质是群体压力使得个体改变其行为，并以某种方式来行动，而在没有群体压力时，个体是不会这样做的。群体的压力可能是明确的，也可能是含糊的，也就是在定义中所说的“真实的”或“想象的”。明确的压力，是指如果个体不从众，群体会采取威胁或惩罚等进一步的行为；含糊的或想象的群体压力，指的是个体认为如果他不从众的话，群体可能会惩罚他，即使群体实际上并没有威胁或惩罚他。从众现象之所以发生，有三方面的原因。一是个体总是要寻求行为参照。在许多情境中，人们由于缺乏进行适当行为的知识，必须从其他途径来获得行为引导。根据社会比较理论，在情境不确定的时候，其他人的行为最具有参照价值。而从众所指向的是多数人的行为，自然就成了最可靠的参照系统。

在通常情况下，人们在遇到不明确情境时，对于多数人的行为会尤为信任。例如，在不了解更多信息的情况下，我们也会更愿意到人多的商店购物，到人多的地点去旅行。在常识上，人们会自然地假定，那么多人的出现自有他们的理由，而在这些理由中，自己行为的合理性也包括在其中的可能性要远大于人数较少的时候。二是对偏离的恐惧。“木秀于林，风必摧之。”这一格言提醒人们，对于群体一般状况的偏离，会面临群体的强大压力乃至严厉制裁。研究证明，任何群体都有维持群体一致性的显著倾向和执行机制。对于同群体保持一致的成员，群体的反应是喜欢、接受和优待；对于偏离者，群体则倾向于厌恶、拒绝和制裁。因此，任何人对于群体的偏离都有很大风险。三是群体的凝聚力。群体的凝聚力指群体对其成员的总吸引力水平。高凝聚力群体的成员，对自己所属群体有强烈的认同感。他们与群体有密切的情感联系，有对群体作出贡献和履行义务的要求。从众现象大都是在群体压力作用下产生的。个体的态度和行为与其他成员一致时，就有一种安全感，否则，个体心里就感到紧张，促使他趋向一致。研究表明，一般情况下，群体一致性水平越高，群体的凝聚力越大，从众的压力也越大，人们的从众行为就越有可能发生。相反，群体的分歧有损于群体的力量，同样有损于迫使成员从众的力量。在社会舆论活动中，从众现象是舆论的一种表现形式，成为人们自觉或不自觉地以多数人意见为准则，作出社会判断，改变态度的心理习惯。

四、奖惩和传媒对态度形成具有重要影响

人具有自然属性，更有其社会属性。尤其是在经历了学习各种不同的社会角色，已逐渐形成了自己的政治观点、道德观念、行为规范、价值准则等社会化过程后的公职人员，他们已对自己所充当的社会角色以及社会和群体对自己的期待要求等方面有着比较明确的认识和把握。他们努力使自己的行为符合其角色身份的要求和社会规范，且高度重视社会评价，以社会评价作为其行为趋向的先导。社会心理学学习理论的增强原理表明，对于合理的态度予以奖励，则受到过奖励的态度再度出现的频率也随之增大。如一个家庭，作为父母常常采用有形和无形的奖励来强化其子女勤奋学习的态度，长此以往，其子女就会养成勤奋学习的习惯。这也是生活中所谓“好孩子是夸出来的”道理所在。这种工具制约在态度形成上所扮演的重要角色，也被英斯柯和墨尔逊的实验所证明。在实验情况下，通常使用的只是口头奖励，其效果已相当不错了，而在日常生活中可以用来奖励的方式多样，其所能产生的效果则不言自明了。强化学说认为，人们之所以会表现某种行为，是因为在做出某种行为之后会受到某种强化，即紧随着该行为而来的是某种人们乐于接受的后果。相反，人们之所以不去表现出某种行为，是因为在做出这种行为后会出现某种令人不

愉快的后果，这是一种带有惩罚性的消极强化。例如，一个人在烈日下会表现出走到阴凉处去的行为，因为过去当他从烈日下走到阴凉处时会使自己的身体摆脱高温的刺激（这是一种奖赏性的积极强化）。这样，以后他便在处于相同的环境（烈日中）时，会表现出同样的行为（到阴凉处去）。又如，有的孩子之所以会有拾到东西交还失主的行为，是因为过去他这样做时，受到了家长或老师的表扬。因此，运用奖励手段（当然也不排除惩罚手段）旗帜鲜明地提倡什么、反对什么，对于正确的社会态度通过奖励予以正强化，对于不符合社会规范的态度通过惩罚予以负强化，以引导人们逐步形成和完善正确的社会态度具有积极意义。

当今的世界是信息化的世界，社会个体无时无刻不受到各种形式传播活动的影响，自身态度也在频繁的传播活动中发生着潜移默化的改变。态度的塑造，需要强化主流话语的影响力和说服力。因此，要充分发挥现代传媒在态度形成、重塑过程中的重要作用。现代媒体含蓄地塑造特定版本的群体记忆，从而塑造特定的社会态度，大众传播迅速地向人们提供有关社会事件和社会变革的信息，还向人们提供各种不同的角色模式、角色评论、价值标准、行为规范等，对个体社会态度的形成具有潜移默化的影响。

第三节　价 值 观

价值观是基于人的一定的思维感官之上而作出的认知、理解、判断或抉择，也就是人认定事物、辨别是非的一种思维或取向，从而体现出人、事、物一定的价值或作用；在阶级社会中，不同阶级有不同的价值观。

一、价值观影响和决定着人生观

价值观是一种内心尺度，决定了一个人的行为准则，对人们自身行为的定向和调节起着非常重要的作用。在价值观的引导下，人们根据各自的价值取向，追求着自认为最有价值的东西。从这个意义上说，价值观引导着人生走向。人生观是人们对人生问题的根本看法，决定着一个人的价值取向，对人生道路、人生目标的选择以及人们的具体行为模式和对生活的态度起着决定性作用。正确的人生观，会使人走正道，成为一个有益于社会的人；错误的人生观，会使人背离人生正道，走上邪路，成为一个有害于社会的人。价值观是人生观的基本内容，人生观内在地包含着价值观。正确的价值观，有利于人们正确认识、客观分析自身的价值，树立正确的人生观。

二、价值观决定行为“利”“害”取舍

价值观对动机有导向作用，人们行为的动机受价值

观的支配和制约。价值观对动机模式有重要影响，在同样的客观条件下，具有不同价值观的人，其动机模式不同，产生的行为也不同。动机的目的方向受价值观的支配，只有那些经过价值判断被认为是可取的，才能转换为行为的动机，并以此为目标引导人们的行为。

对于个体而言，对利与害的判断标准就是价值观的一部分。价值观引导动机的过程也是指导自己趋利避害的过程。趋利避害，就是趋向有利的一面，避开有害的一面。古希腊哲学家伊壁鸠鲁认为，人的本性是趋向快乐，避免痛苦。趋利避害是人的本能行为，并体现在人的每一个行为细节里。墨子说："我为天之所欲，天亦为我所欲。然则我何欲何恶？我欲福禄而恶祸祟。""利，所得而喜也。即得是而喜，则是利也。害，所得而恶也。即得是而恶，则是害也。"对得利的喜悦与对获害的憎恶是反映人情感需求的心理活动，人的情感需要不断地被排遣或满足，正是这种需要被排遣或满足的动力驱使人趋利避害。趋利避害的方式取决于对利和害的认识，对利和害的认识属于人的价值观的范畴。趋利避害行为及行为的结果，让个体感知到更多的利害及其程度，并不断地扩展、丰富了对利害的认识，积累更多的趋避的方式，形成最初的价值观念。随着个体的成长，价值观体系不断成熟，并更高效地指导个体的趋利避害行为。这一过程既是个体价值观的习得过程，也是个体社会化的过程。正是因为人具有社会性，而且人的社会性是决定其根本性质的属性，因此人在趋利避害时还得守住“义”的底线，不能（也不会）毫无底线“见利忘义”。

三、价值观形成于“利”“害”取舍

价值观的形成是一系列认知过程的抽象概括，而趋利避害的成功与否将强化或弱化对之前利害关系的判断，从而改变或补充个体的价值观。价值观形成过程中，在某一特定的价值判断下指导的趋利避害行为，成功将会使这一价值判断得到强化，不成功将使得其被削弱甚至改变，在这样不断强化的过程中，价值观将更清晰而明确地指导趋利避害的行为。最初的价值观念，让个人产生了朦胧的利害判断，并试探着做出趋利避害的行为。这种行为会遇到两种可能的结果：一是趋利避害成功而得到利益（泛指各种利益，包括成功避开危险等）。当趋利避害的行为确实获得了一定的利益，则指导这次行为的价值判断——也即对这一具体情景的利害认知将得到强化，并逐步融入个人的价值观念中，成为其价值观念的一部分，作为以后判断利害的依据。而同时，这种趋利或避害的行为也将作为经验积累下来。二是趋利避害不成功而没有得到利益（包括没有避开危险等）。当受其指导趋利避害的行为没有得到利益时，会导致对这一具体情景的利害判断产生动摇（削弱），这种动摇是潜意识的，有时会是非常细微的，甚至无法觉察，但不能忽略。同时，这一次不成功的趋利避害行为将作为教训积累下来，影响下一次对类似情景的反应。对利害的认识将直接指导人的趋利避害的行为。可以这样讲，价值观的形成过程也是趋利避害方式的学习和经验积累的过程。

一个人的价值观是从出生开始，在家庭和社会的影响下，随着知识的增长和生活经验的积累而逐步形成的。法国作家罗兰曾说过："生命不是一个可以孤立成长的个体，它一面成长，一面收集沿途的繁花茂叶，它又似一架灵敏的摄像机，沿途摄入所闻所见，每一分每一寸的日常小事，都是组织人格的纤维。环境中每一个人的言行品格，都是融入成长过程的建材，使这个人的思想感情与行为受到感染，左右着这个人的生活态度。环境给一个人的影响，除有形的模仿以外，更重要的是无形的塑造。"一个人所处的社会生产方式及其所处的经济地位，对其价值观的形成有决定性的影响，在不同的时代、不同的社会生活环境中形成的价值观是不同的。同时，报刊、电视和广播等所宣传的观点以及工作、生活中的密切接触者和公众名人的观点与行为，对一个人的价值观也有不可忽视的影响。

第四节　自我效能感

自我效能感，是指个体对自己能否在一定水平上完成某一活动所具有的能力、判断、信念或主体自我把握与感受，是对特定能力的一种判断，它包括个体对自己某种行为可能导致什么样结果的推测和对自己实施某行为的能力的主观判断。一般来说，成功经验会增强自我效能，反复的失败会降低自我效能。

一、自我效能感影响行为动力

自我效能感能够决定人们对行为任务的选择及对该任务的坚持性和努力程度，同时也影响人们在执行任务过程中的思维模式以及情感反映模式。自我效能感是个人对自己完成某方面工作能力的主观评估，评估的结果将直接影响个体的行为动机。班杜拉对自我效能感的定义是，“人们对自己能否利用自己所拥有的技能去完成某项工作行为的自信程度”。班杜拉认为，人除了结果期望外，还有一种效能期望。结果期望指的是人对自己某种行为会导致某一结果的推测。如果人预测到某一特定行为将会导致特定的结果，那么这一行为就可能被激活和被选择。效能期望指的则是人对自己能否进行某种行为的实施能力的推测或判断，即人对自己行为能力的推测。当人确信自己有能力进行某一活动时，就会产生高度的“自我效能感”，并会去进行那一活动。他指出：“效能预期不只影响活动和场合的选择，也对努力程度产生影响。被知觉到的效能预期是人们遇到应激情况时选择什么活动、花费多大力气、支持多长时间的努力的主要决定者。”班杜拉认为，结果期待对人的行为发生有重要影响，但效能期待在调节人的行为上具有更重要的作用。

在个体行为动机过程中，起主要作用的不是能力，而是个体对自己的能力能否胜任该任务的知觉。

心理学研究认为，自我效能感在以下四个方面对行为产生影响：一是影响个体对环境及行为活动方式的选择，这些选择又反过来影响个体某些能力的发展。当个体面对一个新的任务时，他首先会对该任务的价值进行评估，确定出是有价值的任务才会有下一步行为。那么，是不是任何有价值的行为个体都会采取行动呢？这还会有另一个选择过程。当个体对自己完成该任务的能力评价很低时，他可能不会采取行动或者选择一个较容易的目标。实际生活中，每一个个体在做任何事情时都会选择自己熟悉的最有成功可能性的方式。在行动过程中，行为主体会根据所有结果的反馈，不断调整自己的行为目标与行为方式。二是影响个体克服困难的毅力和决心，影响个体对行为的坚持性。个体在活动过程中的努力程度以及面临困难时的持久程度和耐力受自我效能感的影响。当个体把失败归结为不可控制的因素时，便会产生无助感，而不可控制的原因意味着自我效能感的低下。实验证明，多次的失败会降低个体的自我效能感，自我效能感低的人更容易放弃努力。自我效能感高的人，在行动过程中会更加主动地去寻找解决问题的方式，对外界的信息会更加积极地进行加工，从而更有可能获得更好的结果，好的结果又能起到强化作用，提高个体的自我效能感。三是影响个体的思维模式和情感反映模式，对个体潜能的发挥起关键作用。自我效能感低的人与环境作用时，会过多想到个人的不足，并将潜在的困难看得比实际上更严重。这种思想会产生心理压力，使其将注意力转向可能的失败和不利的后果，而不是如何有效地运用其能力实现目标；有充分自我效能感的人将注意力和努力集中于情境的要求上，并被障碍激发出更大的努力。四是影响个体活动时的情绪，自我效能感会影响个体在面临紧急事件时的应急状态、焦虑及抑郁程度。当个体认为做某件事成功的可能性很大时，往往会有一个乐观积极的心态，情绪饱满，主动性也更高。

二、自我效能感的获得途径

自我效能感作为个体对自己与环境发生相互作用的效验的主体自我判断，不是凭空作出的，而是以一定的经验或信息为依据。在社会学习理论看来，人与环境的互动过程及其结果，向个体显现着大量不同性质的信息。其中，与个体互动效验有关的信息称为自我效能信息，自我效能感正是通过对这些信息的认知加工而形成的。就自我效能信息而言，其呈现的不同方式构成了个体形成自我效能感的不同途径。自我效能感从下列途径获得：

一是亲历的成败经验。它是个体获得自我效能感最基本、最重要的途径，并构成个体对在其他信息基础上形成的自我效能感加以检验的手段，因为它以确证的方式显现了个体驾驭环境事件的能力。因此，个人自身行为的成败经验对自我效能感的影响最大。一般来说，成功经验会提高效能期望，反复的失败会降低效能期望。但成功经验对效能期望的影响还受到个体归因方式的左右。归因理论认为，当人们进行某种活动取得成功或失败时，都有对行为结果的原因进行探究的愿望。这种对导致自己或他人行为结果的原因的知觉和推断，称为归因。心理学研究发现，归因不仅影响个体对自己行为的认识，而且会影响个体后续行为的动力。一般说来，把行为成败的原因归结为外部的和不可控的因素，会降低个体的行为动力；而把行为结果归结为内部的、可控的因素，会增强个体的行为动机。

二是替代经验。它是指通过观察他人的行为和结果，获得关于自我可能性的认识。人的许多效能期望来源于观察他人的替代经验。当一个人看到与自己情况相似的人获得成功时，能够提高其自我效能判断，增强自信心，确信自己也能成功。相反，当一个人看到与自己情况相似甚至条件好于自己的人遭受失败时，就会降低自我效能感。通过树立廉洁用权典型并大力褒扬，可以提高公职人员不腐败的效能感，提高其“不想腐”的动机水平。

三是言语劝说。即接受别人认为自己具有执行某一任务的能力的语言鼓励而相信自己的效能。言语劝说的价值取决于它是否切合实际，缺乏事实基础的言语劝说对自我效能感的影响不大，在直接经验和替代经验基础上进行劝说效果会更好。现实化的言语劝说因能够激发个体的动机水平而使之易于成功，从而使其在这种信念基础上形成的自我效能感得到实现。不切实际的言语劝说很难在活动中得到实现，从而使劝说者失去威信，还会反过来挫败个体的自我效能感。

四是情绪与生理的影响。一个人的情绪状态与生理状态有时也会影响自我效能感的水平，情绪影响自我效能是自我效能感的一种，不仅直接影响行为，而且通过影响认知、动机、决策，情感间接作用于行为，对个体的人格、行为起着重要调节作用，并且影响个体心理健康水平。高度的情绪唤起、紧张的生理状态，会妨碍行为操作，降低对成功的期望；平静的反应使人镇定、自信；焦虑不安则使人对自己的能力发生怀疑。

第五节　群体影响

社会心理学认为，群体是具有某些共同社会心理特征的人的共同体，群体成员具有共同的需要和目标、共同的规范和行为模式、共同的归属感。群体成员相互作用、相互影响，协同活动。一个群体一旦形成，它的社会成员就会发展出与之相适应的特定行为模式及角色地位。群体生活是人类心理健康发展的重要保障，群体的主要功能有：（1）给成员以归属感，同一群体的成员在共同的活动中会表现出观念与行为的一致性，当与其他群体比较时，成员就会产生一种属于自己群体的感觉，这就是归属感。（2）使成员具有认同感，同一群体的成员对重大事件和原则问题的认识倾向于与群体保持一致。当个人对外界情况不明时，这种认同感就会产生很大的影响，有时甚至会是盲目的。（3）使成员获得社会性支持，当个体的思想与行为符合群体要求时，就会受到群体的赞许与鼓励，使个体获得社会性支持，从而强化与群体的一致性。

群体通过群体规范和群体压力对群体成员的行为产生影响。群体规范是群体成员都必须遵守的思想、信念和行为的准则。群体规范为群体成员提供认知标准和行为准则，用于调节、制约成员的思想和行为，使其保持一致，并且还可以作为成员间彼此认同的依据。群体成员往往受群体心理气氛的影响，企求与群体中多数人在态度和行为上相一致。在日常生活和工作中有一种常见的“随大流”现象，就是在群体中，个体往往会放弃自己的意见而采取与大多数人相一致的行为。社会心理学研究了这种现象的心理学机制，认为其原因主要有两个方面：

一是“社会标准化倾向”的影响。即群体成员在群体规范的效应下，缩短个体间对问题认识的差距，而趋向于相同的意见、观点和行为倾向。“社会标准化倾向”的原因，首先是个体在群体中为了保证自己的利益不受到损害，将注意力转移到群体规范和标准上，以免触犯群体规范的条文而受到惩罚；其次是个体与群体成员之间的相互效应、相互感染、盲目跟从有关；最后是群体压力的影响，如果某个成员的行为与其他成员有太大的差别，会受到其他成员的孤立、排斥，这样个体无法体验到在群体中的归属感和友情。费斯廷格发现，无论是从动机的出发点来说，还是从评价所涉及的内容来说，人们的自我评价都倾向于社会性的。由于更多的时候现实生活中根本不存在进行社会性评价的绝对标准，人们必须通过将自己的状态与他人的状态进行对比，才能对自己的状态形成明确的自我评价。这种将自己的状态与他人的状态进行对比以获得明确自我评价的过程，就是所谓的社会比较。人们的自信心状况直接决定着他们的社会比较的性质及其社会化后果的指向。如果人们的自我胜任感得到确立，能够形成良好的自我肯定感，那么他们的社会比较是倾向于积极导向的。在这种情况下，人们倾向于选择比自己优秀的人作为比较对象，并且也存在着较多的、自发的自我努力。毫无疑问，这种倾向会导致人们的整个动机系统与心理结构朝着积极的社会化方向发展。相反，如果人们的自我胜任感受到威胁，不能形成良好的自我肯定感，那么他们的社会比较倾向是消极导向的。这种情况下，人们倾向于选择不如自己的人作为比较对象，自发的自我努力活动也较少。这种倾向会导致人们的整个动机系统和心理结构朝着背离社会化目标的方向改变。

二是群体暗示的作用。群体暗示是指通过间接的示意使人接受某种观点或从事某种行为，由于相互交往，成员间会产生模仿、暗示、顺从等现象，其心理后效是促成意见一致。一个人所处的社会环境与其行为价值趋向紧密相关，因为环境改造人，什么环境造就什么人。心理学研究表明，在个体的社会化中，在一致性程度很高的社会环境中，会建立起高度一致的社会经验，从而使个体对于事物的基本看法，对于社会事件的观念与态度，以及其基本的价值倾向，具有较高水平的一致性。态度改变的实验揭示，一个人是很难让自己的行为违背群体的期望的，在个人与社会积极相互作用的过程中，社会期望是作为行为的动机决定因素而表现出来的。通常在日常相互作用的情况下，个体总是要使自己的言行合乎他所属的集体的价值与期望。对这样的行为，集体是赞许与鼓励的。而当个体的行为与社会期望发生矛盾时就可能招致相应的制裁。在个体的社会态度形成中，群体的影响是十分明显的。许多研究表明，个人的许多态度是由所属群体作用形成的，比如，同一个家庭、学校、社会团体，常常会形成相似的态度。这是由群体（团体）的文化、信仰、价值观念及群体规范的长期濡化的结果。一般来讲，对所属群体的认同与归属感使个体自觉遵守群体的规范，如果一旦个体的态度与群体的文化、价值观念、规范体系发生冲突，那么个体无形中会感受到群体的压力。勒温指出，只要群体（团体）的价值观没有改变，就很难使个体放弃所处群体（团体）的标准来改变自己的意见，而一旦群体标准发生了变化，那么由于个体依附于该团体而产生的那种对变化的抵抗就会消失。群体对社会态度的形成起什么样的作用，主要取决于群体内的价值取向。

第/四/章

震慑常在　清除侥幸

古人说："凡善怕者，必身有所正，言有所规，行有所止，偶有逾矩，亦不出大格。""不敢"意为没有胆量、没有勇气做某事。不敢源自于"害怕""戒惧"。《左传·桓公二年》有言："文物以纪之，声明以发之，以临照百官，百官于是乎戒惧，而不敢易纪律。"东汉王充在《论衡·讥日》中说："祸福自至，则述前之吉凶，以相戒惧。"戒惧是警惕和畏惧的意思。"畏则不敢肆而德以成，无畏则从其所欲而及于祸。"语出明代吕坤《呻吟语》，意即有所畏惧则不敢放肆，因此能修养德性；无所畏惧则任性纵欲，必定招致灾祸。心理学认为，怕是由焦虑产生的，焦虑是一种不愉快的经验，当人获得了这种经验后，在碰到类似事物的情形时，会受到激发去摆脱它，如果可能就避开它。怕是出于摆脱焦虑的一种反应。怕也是自我保护的一种本能，它会不断地引领个体正确思索，总结经验，避开危险。不敢腐，是指有腐败念头，但无论有没有采取腐败行为的机会，都不敢采取腐败行动。腐败是为党纪国法所不容的行为，一旦败露，必然是身败名裂。因此，搞腐败的人总是害怕被发现、被揭露，在心理上便会对实施腐败行为有焦虑不安感。正常人的焦虑是人们预期到某种危险或痛苦境遇即将发生时的一种适应反应或为生物学的防御现象，是一种复杂的综合情绪。社会心理学认为，控制侵犯行为的最有效方法是学会自我抑制侵犯行为。学会自我抑制就意味着对侵犯行为有一种焦虑不安感。一个人在接近侵犯性反应时会感到焦虑，因此会有抑制侵犯行为的强烈欲望，在行为上会更加的小心，甚至在一定程度上限制自己的行为。焦虑不安感越重，行为限制则越大，最严重的甚至可以停止自己的行为。而侵犯行为焦虑感很低的人，必然要表现出很强的公开性侵犯行为。因此要加大对腐败分子的惩处力度，使具有潜在腐败意念的公职人员在作出行为决策时既害怕因腐败代价高昂得不偿失，又害怕因腐败受到法律制裁和舆论谴责，而弱化甚至放弃腐败动机。

第一节　提高腐败成本和风险

对利益的追逐是激发腐败动机的原动力，如果腐败机会存在，腐败成本的高低将会直接决定腐败动机的最后形成。腐败动机，取决于腐败收益和腐败成本之间的比率关系。根据经济学的成本—收益理论，公职人员作为理性经济人，追求以最小投入获取最大收益，当腐败成本较低、收益较高时，则会激发公职人员的腐败动机。实践证明，在其他条件相似的前提下，腐败的综合成本越高（包括精神上的和物质上的），被发现和惩治的概率越大，公职人员腐败的可能性就越小。而继续保持打击腐败的高压态势，就能提高公职人员的腐败成本和被发现的可能性，从而纠正公职人员的腐败预期，有力地减少腐败发生的频率。

一、提高腐败成本和风险可从根本上削弱腐败分子的侥幸心理

在中国古代的法家看来，人的本性是好利恶害，趋利避害是古往今来人人固有的本性，而且这种本性是难以改变的。腐败成本，是指公职人员在实施腐败过程中所需支付的现实成本和机会成本。在人们的任何活动中，都要消耗一定的人力、物力、财力，而后获得相应的收益。腐败者在获益的同时，也面临着一定的风险和压力，有时风险很大，甚至可能丢掉自己的性命。腐败成本与其他社会活动的成本明显不同，腐败成本的内容具有多样性，不仅包括人力、物力、财力，而且还包括政治代价、精神代价、法律风险和道德损失。侥幸是指由于偶然的原因获得利益或免去不幸，也指企求非分，意外获得成功或免除灾害。心理学研究表明，侥幸心理是人的本能意识，这种心理反映在人们的各种思维活动中，通常情况下，侥幸心理只是一种潜意识，不足以支配人的行为活动，但是当一个人自控能力不强，这种潜意识得以孕育膨胀以后，就会引发冲动。现实生活中存在投机心理的人，比较容易相信自己的侥幸心理，相信运气。公权力行使者贪腐行为的发生，大多与侥幸心理作祟有关。

诱因理论认为，行为决定于个体对各种行动的可能结果所作的诱因分析，人们以行为后果的有利或不利为

判断基础而决定采取何种行为。西方经济学中最基本的前提假设是理性人假设，又称“经济人假设”，或最大化原则，是对在经济社会中从事经济活动的所有人的基本特征的一个一般性抽象。这个被抽象出来的基本特征就是：每一个从事经济活动的人都是利己的。也可以说，每一个从事经济活动的人所采取的经济行为都是力图以自己最小的经济代价去获得最大的经济利益。西方经济学家认为，在任何经济活动中，只有这样的人才是“合乎理性的人”，否则，就是非理性的。理性经济人把人的复杂性进行了简化抽象，把利他因素、感情因素简化抽象掉了。在理性经济人假设看来，每个人都能够成为通过成本—收益或趋利避害原则来对其所面临的一切机会和目标及实现目标的手段进行优化选择的完全理性的人。从哲学本意上来看，马克思主义经济学并不排斥理性经济人这个假设。马克思在分析经济社会问题时，也曾说过：“人们为之奋斗的一切，都同他们的利益有关。”[①] 他在《资本论》第一版序言中指出：“分析经济形式，既不能用显微镜，也不能用化学试剂；二者都必须用抽象力代替。”马克思主义哲学坚持用辩证唯物主义和历史唯物主义的观点来观察各种价值现象，认为价值的一般本质在于：它是现实的人同满足其某种需要的客体的属性之间的一种关系。价值同人的需要有关，但它不是由人的

① 《马克思恩格斯全集》第1卷，人民出版社，1995年版，第187页。

需要决定的，价值有其客观基础，这种客观基础就是各种物质的、精神的现象所固有的属性，但价值不单纯是这种属性的反映，而是标志着这种属性对于个人、阶级和社会的一定的积极意义，即能满足人们的某种需要，或为人们的兴趣、目的所追求的对象。价值虽然不由人的需要来决定，但离开人的需要，就不可能有价值判断。

价值论认为，追求“最大价值率”是一切社会系统（经济系统、政治系统、文化系统）都必须遵循的基本法则。设P为“价值率”，Qi为投入价值量，Q0为产出的价值量，投入与产出间的时间为T，则P＝Q0/（Qi×T）。理论研究证明：事物的价值率越高，该事物的价值收益率就越高，人就会越多地追加向该事物投入价值资源，该事物的存在规模就会越来越大；相反，事物的价值率越低，该事物的价值收益率就越低，人就会越多地从该事物抽回所投入的价值资源，该事物的存在规模就会越来越小，直至走向消亡。

犯罪经济学认为，一个精于算计的犯罪分子（腐败分子往往有较高的智商和较为丰富的社会生活经验，算计一般是超出常人的）在实施犯罪时，总要算计实施犯罪行为可能付出的代价，力图以最小的代价换取最大的收益。这里的代价，包括实现某一目标在时间、精力、资源、名誉、政治地位、道德感情、机会前途甚至是人身自由乃至生命等方面所付出的损耗，其中最主要的是预期惩罚成本。这里的收益，则包括由于某种行为而在物质、金钱、精神、政治及社会等各种层面所获取的利益。凡实施腐败行为的过程，其心理动因都难以超脱上述代价的取向。也就是说，行为人是“两利相权取其重，两害相权取其轻”，通过对“利”和“害”的权衡比较，决定自己行为的取舍。马克思在《资本论》中写道：“一有适当的利润，资本就大胆起来。如果有 10%的利润，它就保证到处被使用；有 20%的利润，它就活跃起来；有 50%的利润，它就铤而走险；有 100%的利润，它就敢践踏一切人间法律；有 300%的利润，它就敢犯任何罪行，甚至冒绞首的危险。”① 美国心理学家霍曼斯在经济学交换理论和心理学的行为原理基础上提出了他自己的社会交换理论。他认为，社会中人与人之间的关系实际上是一种交换关系，人们通过交换得到或失去各种各样的东西。他指出，人们在交换中所付出的叫成本，所得到的叫报酬。不同于经济学上的交换成本，这里的报酬既可以是物质的金钱、实物等，也可以是非物质的。报酬减去成本就是一次交换后得到的利润。人们在交往中都是很理性的，在众多可能的交换行为中挑选能获得最大利润的交换行为。帮助别人，自己必然要付出时间、精力甚至名誉、权力影响等成本，如果这种行为完成后得不到任何报酬，那么他们就不会去帮助别人。因此，帮助他人的行为就成为期待得到利益回报的手段性行为。

① 《马克思恩格斯全集》第 23 卷，人民出版社 1972 年版，第 829 页。

腐败行为是利己的“助人”行为，即用手中的公权力帮助他人谋取不当利益，从而获得他人对“帮助”行为的回报。社会交换理论可以解释某些公权力拥有者“没有好处不办事，有了好处乱办事”滥用权力谋取私利的腐败心理现象。

后来，霍曼斯把他的理论概括成一个公式：

行动=价值×概率

所谓价值就是完成某一行动所得报酬的价值高低；概率是指完成某一行动时获得上述价值的可能性的大小。如果报酬的价值大，但得到它的概率小，便会降低报酬的吸引力；相反，如果报酬的价值小，但得到的可能性大，则会提高报酬的吸引力。人们总是选择价值与概率之积最大的行动。如果一个人认为帮助别人这一行动本身价值就很高，而且自己又有能力完成这种帮助，那么他就会很少犹豫地实施这个行为。就腐败行为而言，其所得包括物质利益和生理、心理上的满足，而因腐败行为失去的则有：良心的谴责，朋友、家人、领导、同事的责难，政治前途的断送，被有关机关查处后的惩罚等。但是腐败行为的消极后果是不确定的，是将来的、或然的，而腐败的收益却是唾手可得的、看得见摸得着的实实在在的物质、金钱等。行为经济学派代表人物赫伯特·西蒙的有限理性说认为，人的理性是有限的理性。经济人最大化行为的假设，是以完全理性为条件的，而现实的情况是，由于环境的不确定性和复杂性、信息的不完全性，以及人类认识能力的有限性，人们的理性认识能力毕竟受到心理和生理上思维能力的客观限制，因而，人的行为理性是有限的而决非完全理性的，人们决策的标准是寻求令人满意的决策而非最优决策。行为经济学认为，在经济实践中，人们往往知道何为最优解，却因为自我控制意志力方面的原因无法作出最优选择。人们往往是基于短期利益而非长期利益作出选择。预期理论也认为，人们对未来的预期不与现在事件存在任何确定联系。因而，预期是存在一定程度的不确定性和不稳定性的，它具有主观偏好性，即预期与特定的条件、特定的个人行为偏好紧密相连，再加上未来的不确定性，不同的人就会有不同的预期。不然就很难解释，在腐败行为本身的后果十分确定，即法律惩罚是固定的，且对于公职人员而言肯定是得不偿失的情况下为何仍有为数不少的公职人员跌入腐败的深渊。正是因为人是有限理性的人，具有侥幸心理，因而会在利弊得失的权衡上作出非理性的有违党纪国法、从政道德的判断，然后去实施腐败行为。犯罪心理学研究表明，犯罪人之所以犯罪，其心理原因之一是他特有的不受惩罚或可以逃避惩罚的侥幸心理。要提高腐败成本和风险，让公职人员深切感受到只要腐败必遭党纪国法惩处，实施腐败必然是“得不偿失”，从而削弱其侥幸心理。

二、提高腐败成本和风险可有效抑制腐败动机

当代心理学家普遍认为，在刺激（S）与反应（R）之间，应该考虑到有机体的内在条件，因此提出在S和R之间，应该放入一个中间变量“O”（个人的内在因素），从而使人们的行为概念从“S—R”模式演化为“S—O—R”模式。这一模式说明，个人欲望的产生有赖于个人当时的心理状态和社会环境因素，以及个人对当时环境的认识。当一个人受到某种刺激以后，会引起反应而产生某种行为，但是在刺激和反应之间，由于受到个体许多心理因素的影响，所以同一个刺激对于不同的人，可能产生不同的行为。有腐败动机并不必然就一定会有腐败行为。以美国心理学家伯尔赫斯·弗雷德里克斯金纳为代表的新行为主义理论认为，在个体所受刺激与行为反应之间存在着中间变量，这个中间变量是指个体当时的生理和心理状态，它们是行为的实际决定因子，包括需求变量和认知变量。需求变量本质上就是动机，其中就包括面临危险时对安全的要求；认知变量就是能力，包括对象知觉、运动技能等。新行为主义强调了人的心理的主观能动作用，表明人具有理性认知的能力，能合理地控制和调节自己的行为；强调行为和认知的结合，既可以通过人的思维、信念和期待等认知过程预测人类的行为，也可以通过改变人的认知来改变人类的行为；同时通过行为的改变也可改变人的信念、期待等认

知过程。腐败动机形成后是否付诸行动，受主体的情绪状态、意志状态的影响。如果主体情绪上恐惧紧张、意志动摇，就有可能放弃腐败行为的实施；如果情绪上激动而又心怀侥幸，则会推动腐败行为的加速实施。

心理学研究表明，行为的结果会对人的动机产生很大影响，从而使行为在后续得以增加、减少或消失。美国学者罗伯特·克利特在其《控制腐败》一书中，提出了一个有关腐败问题的公式：腐败动机＝贿赂－道德损失－（被发现和制裁的机会×所受处罚）>薪金+廉洁的道德满足感。这个公式从腐败者的角度出发，探讨了腐败收益、腐败成本和腐败动机之间微妙的但却常常具有决定性意义的关系。从这个公式，我们可以看到，实施腐败行为的心理动机，取决于腐败收益和腐败成本之间的对比关系。只有腐败收益大于腐败成本，腐败动机才会产生，并推动个体实施腐败行为。腐败收益与腐败成本的对比关系决定着腐败动机的形成与否，因此，通过提高腐败成本，可以有效预防和抑制腐败动机的形成。

行为经济学前景理论指出，在风险和收益面前，人的“心是偏的”。在涉及收益时，人们是风险的喜好者，但涉及损失时，人们却是风险厌恶者。人们在作有关收益和有关损失的决策时表现出不对称性。大多数人对损失和获得的敏感程度不对称，面对损失的痛苦感要大大超过面对获得的快乐感。这其实是前景理论的“损失规避”原理。打个比方，就是“白捡的 100 元所带来的快乐，难以抵消丢失100元所带来的痛苦”。提高腐败成本，就是要让腐败分子对其腐败行为在法律、经济、道德等各个方面付出高昂成本，以使惩处起到足够震慑和教育作用。在法律成本方面，要依法加大对腐败分子实施刑事制裁的力度，使有腐败行为的公职人员不仅葬送职业前途，还要付出自由甚至生命的代价，以刑罚的严厉使公权力行使者自清自守，不敢腐败。在经济成本方面，尤其要加大惩处力度，对腐败分子违纪违法所得赃款、赃物要彻底追缴、全部没收；对隐匿或已消费的款项，要建立终身追偿制度；对判处刑罚的腐败分子要加大并处财产刑的力度，让腐败分子“倾家荡产”、得不偿失，坚决杜绝腐败分子“受罪一阵子，快活一辈子”“一人受苦，全家享福”的情况出现。在道德成本方面，要通过新闻媒体的报道、揭露、曝光、评论等，形成强大的社会舆论压力，让腐败分子在受到党纪国法制裁的同时，受到社会舆论的谴责和唾弃而“身败名裂”。就是通过切实提高腐败行为的成本和风险系数，将腐败成功概率控制在最低限度，从而抑制腐败动机。

第二节　发挥惩治的震慑作用

没有惩的威慑，治也难见实效。惩治既是治标，亦是治本。“诛一恶则众恶惧”，语出三国时期吴将陆景的《典语》，大意是对一个恶人加以惩处诛杀，其他恶人就会感到畏惧。心理学的研究证实：惩罚具有一定的威慑性，能使许多企图犯罪的人畏法而儆戒，自动阻止或消除犯罪心理，这就是所谓的惩罚效应或威慑效应。西方法学家哈特先生在其《法律的概念》中早就说过："如果没有对犯罪的有组织的制裁和惩罚，每时每刻都有可能发生罪行和盗窃。"惩罚具有抑制贪污贿赂犯罪动机的作用，惩罚所具有的带强制性的巨大心理压力，是通过法律手段给贪污贿赂犯罪主体造成一定的心理或生理上的痛苦，从而在主观上破坏其犯罪心理结构的形成。英国法学家杰里米·边沁认为，道德义务出于对痛苦的畏惧，也正是这种畏惧构成了所谓的约束力。约束力既是制裁力，又是动力；既是原因，又是手段。约束力是以惩罚为手段来推动一切道德的和合法的行为。人类具有权衡利弊与趋利避害的本能。具有贪污贿赂犯罪动机的人，当他用贪污贿赂手段满足自己的需要时，会权衡利弊，估量自己的行为究竟具有多大价值。当他感觉到行为的结果可能带来的惩罚会超过行为可能带来的利益时，就会放弃犯罪行为；反之，就会实施犯罪行为。惩罚在抑制腐败行为动机中的作用体现在：它不仅能极大限度地挫败和减少腐败活动的侥幸心理，迫使具有腐败潜意识的个体不得不增强自我控制以遏抑腐败冲动，而且还可能强烈地抑制犯罪欲求和各种恶习，使具有腐败意念的个体惧怕惩罚而自动消除其腐败的心理结构，从而阻止腐败动机的形成，促使腐败动机的良性转化。所以，只有高悬“惩”的利剑，猛药去疴、重典治乱，使惩罚给予贪污贿赂犯罪分子的痛苦大于其因犯罪所获得的利益，才能有效遏制腐败动机。发挥惩罚的威慑功能，既是迫使公权力行使者产生“不敢腐”心理的重要环节，也是推动其形成“不想腐”心理的重要力量。

一、坚持有腐必惩，实现惩罚的不可避免

惩罚的不可避免性是实现一般预防目的的前提和主要条件。列宁曾指出：“惩罚的预防作用不完全决定于惩罚的残酷性，而是决定于惩罚的不可避免性，重要的不是处以严厉的惩罚，而是一件犯罪事件也不应该未经揭露就疏忽过去。”① 当贪腐行为被惩处的确定性风险系数较大，腐败行为的预期收益等于或小于其成本时，行为主体则倾向于自动阻断腐败。顾炎武在《日知录·除贪》中说：“法不立，诛不必，而欲为吏者之毋贪，不可得也。”其意谓：法律不能建立起来，诛杀制度不能执行，想让当官有权的人不贪婪，这是不可能的。意大利刑法学家贝卡利亚有一句名言：“制止犯罪发生的最有效的手段并不在于刑罚的残酷性，而在于刑罚的不可避免性。”根据犯罪心理科学的揭示，罪犯均具有逃避惩罚的侥幸心理，犯罪应受惩罚的可能性大小，直接影响与制约着罪犯侥幸心理的消长。犯罪心理学的研究表明，犯罪都

① 《列宁全集》第4卷，人民出版社1995年版，第226页。

是在一定的心理条件支配下发生的，犯罪行为实施前的心理状况往往是一系列的矛盾斗争的心理过程。腐败心理也是如此，一方面通常表现为恐惧心理，担心腐败行为败露而受到惩罚；另一方面又存在腐败行为或许不会被发现的侥幸心理。当这种侥幸心理占上风的时候，腐败动机就会占优势，而促使其实施腐败行为，一旦实施了具体腐败行为又未被发现，未受到及时必然的惩罚，则会进一步强化其侥幸心理，驱使其继续实施腐败行为，甚至会在一定程度上激发具有潜在腐败意图的人实施腐败。办案实践表明，不少腐败分子和潜在的腐败分子之所以走上腐败之路，在很大程度上是受可以逃避惩罚的侥幸心理支配的。大量的犯罪学调查显示，腐败分子对受到惩处可能性的关注远远胜于对惩处轻重的关注。据国外学者研究，罪案的总数被揭露到50%时，犯罪者就会住手观望，不敢随便下手作案；犯罪被揭露到50%以上时，胆小的犯罪者就得改业，另谋出路；犯罪被揭露到80%以上时，罪犯只能自首投案或潜伏他乡逃避。[①] 这足以说明，对腐败现象揭露愈多，破案率愈高，对腐败分子的震慑力也就愈大。所谓不可避免性，也就是实施了犯罪行为就必然受到刑事追究，即实现惩罚不可避免的原则。只有坚持有贪必肃、有腐必惩，建立起腐败行为与惩罚之间的必然联系，才能使手握公权力的公职人

① 公安部公共安全研究所编著：《你感觉安全吗？——公众安全感基本理论及调查方法》，群众出版社1991年版。

员心存戒惧，及时遏制其侥幸心理，使观望徘徊的潜在腐败分子放弃腐败谋取私利的欲望，并从害怕惩罚的“不敢”走向敬畏法纪、敬畏人民的“不敢”。

二、坚持有腐就查，实现对腐败行为查处的及时性

意大利刑法学家贝卡利亚在《论犯罪与刑罚》一书中曾说：“对于实施的犯罪，刑罚越迅速和越紧凑，就越公正和越有效。”犯罪学研究表明，如果司法机关揭露犯罪以天为单位，一些惯常的罪犯就会纷纷潜伏与逃避；如果以周为单位，罪犯就会奔走相告，暂时不动；如果以月为单位，罪犯就不敢贸然作大案，但也不放弃作些小案维持生计；如果以年为单位，罪犯就会毫无顾忌地继续犯罪，甚至会肆无忌惮地进行恶性更大、半径更大的犯罪。[①] 对腐败行为及时揭露、及时惩处，能够有效控制腐败行为的边际效应。边际效应通俗的解释是：我们向往某事物时情绪投入越多，第一次接触到此事物时情感体验也越为强烈，但是，第二次接触时会淡一些，第三次会更淡……以此发展，我们接触该事物的次数越多，我们的情感体验也越为淡漠，一步步趋向乏味。这种效应在经济学和社会学中同样有效，在经济学中叫“边际效益递减率”，在社会学中叫“剥夺与满足命题”，是由

① 引自王顺安：《刑罚预防新论——兼议“严打”及刑罚效益原则》，中国政法大学学报1998年第1期，第47页。

霍曼斯提出来的，用标准的学术语言表述就是：某人在近期内重复获得相同报酬的次数越多，那么，这一报酬的追加部分对他的价值就越小。从犯罪心理学、社会学、法学、经济学等角度，对腐败行为的发生概率进行边际分析，亦即对腐败分子再一次实施腐败行为的成本收益风险进行分析，我们不难发现，由于腐败行为一般都是长期、多次行为，随着腐败分子作案次数的增加，个别腐败分子会认为多作案一两次并不会增加多少成本和风险，而收益却有越来越可观的趋势。从腐败案例的数据可以看到，大多数腐败分子初期的收益并不多，一般以千元、万元为单位，而后期一般以十万元、百万元甚至更高数额为单位。不少腐败分子一旦伸手，就逐步落入一个看似有利的赌局，即在边际成本增加不多的情况下，取得较为丰厚的边际收益，促使腐败由最初的“高成本、低风险、低收益”变为“低成本、低风险、高收益”，引诱腐败分子越陷越深，难以自拔。

心理学揭示，生物体均具有正负强化的机制，这种正负强化的效果与奖惩措施的速度成正比。腐败动机具有反馈强化的特点，即腐败动机、腐败行为、腐败目的之间可以相互反馈，这种反馈可以使腐败动机加强。腐败分子在初次贪污受贿后，都会有一个心理紧张期，害怕行为败露而身败名裂，但有段时间未被揭露后，又会自作聪明地认为行为隐秘、手段高明，由当初的害怕、恐惧、担心，而变得胆大妄为。有充分的证据表明，贪污受贿的腐败分子总体上总是偏好寻求心理方面的即刻满足，而不愿等待较大但需要一个延缓时期才能获致的报偿。经济学家的实验也证明了这一点。经济学家曾做过这样一个实验，向被测试者提供两份食物：一份只有2种食品，可以立即享用；另一份包含6种食品，但需要等待3分钟才能享用。人们当然想得到更多的6种食品，但得知要等待3分钟后，80%的被测试者选择了可以立即享用的2种食品。在现实中，有一定数量的腐败案件未能及时揭露、侦破，使少数腐败分子（包括有实际腐败行为和有潜在腐败心理动机）的侥幸心理得以滋长。在赌博中，有一句话叫作“输钱多自赢钱起”，就是这个道理。通过快查快捕，及时充分揭露贪污贿赂等腐败犯罪，查明所有实施犯罪的人员及犯罪活动情节，彻底查明对国家集体造成的损失并予以挽回，对犯有贪污贿赂等腐败罪行的人一律依法追究刑事责任，对那些尚不构成犯罪的给予相应的党纪、政务处分。这样可以使那些萌发了腐败动机的人看到实施腐败行为必然受到惩罚，促使其打消侥幸心理，抑制腐败动机。

三、坚持人人平等，实现纪法面前无例外

古人说：“水至平而邪者取法，镜至明而丑者无怒。”英国思想家培根说过：“一次不公正的审判，其恶果甚至超过十次犯罪。因为犯罪虽然是无视法律——好比污染

了水流，而不公正审判则毁坏法律——好比污染了水源。”[①] 如果执纪执法机关、司法机关对腐败分子适用纪律和刑罚不能严格依纪、依法，屈服于“关系网”，对领导干部、熟人和普通百姓不能一视同仁，就会增强潜在腐败分子的侥幸心理，给其留下不切实际的“以情脱刑”“以钱赎刑”的幻想。约翰尼斯·安德聂斯认为，“如果执法者贪污受贿或者执法中轻率从事则会直接削弱刑罚的一般预防作用”[②]。奖惩必须公平才能起到强化的效果。要综合把握党的政策策略和纪律法律要求，把党章党规党纪和宪法法律法规“两把尺子”贯通起来使用。坚持纪在法前、纪严于法，纪法不能相互混淆和彼此代替，既防止以纪律处分代替法律制裁，又防止以刑事处罚代替党纪处分，确保让违纪者受到党纪处分，使违法者受到法律制裁。在事实既定、纪法明晰的前提下，要综合考虑违纪性质情节和认错悔错态度，把握政策界限，区分不同情况，给予不同处置，做到宽严相济、精准得当，经得起实践检验。要完善法制，做到法网恢恢疏而不漏，不在纪律上、法律上给腐败分子留下逃避惩罚的空隙。

第三节　建立对腐败的心理强制

德国刑事古典学派的代表费尔巴哈提出了心理强制

① 培根：《培根论文集》，水天同译，商务印书馆 1983 年版，第 193 页。

② ［挪威］约翰尼斯·安德聂斯：《刑罚与预防犯罪》，法律出版社 1983 年版，第 3 页。

说的犯罪预防理论，强调运用人对刑罚的恐惧心理来压抑、控制个体的犯罪欲望。他认为，人不仅能区分善恶、分清是非，且具有权衡利弊、进行选择的本能。人在实施犯罪前，既能预见犯罪成功带来的精神上、肉体上“快感”的满足，亦能预见犯罪失败后遭受刑罚惩罚所带来的痛苦。一个人如果从犯罪中获得的快乐大于受到惩罚的痛苦，他就会毫无顾忌地犯罪；反之，如果受到惩罚的痛苦大于他从犯罪中获得的快乐，那他就不敢轻举妄动了。换言之，在趋利避害、趋乐避苦的心理作用下，个体在选择是否违法时，往往会对违法所带来的痛苦与其所带来的快乐进行比较，如果痛苦大于快乐，为了免受刑罚的痛苦，个体将会在内心形成一种心理强制，从而趋向阻止违法行为的发生。心理强制说以人为理性动物，又有自私的特性为基点，强化人们对犯罪与刑罚必然相系的确信，让意欲犯罪者无论有何犯罪趋向，都将面临着刑罚的威慑，从而使刑罚的心理强制作用得以充分发挥。赫胥黎指出：“每个犯罪的人极大的愿望是要逃避他的行为所造成的痛苦结果。”导致心理强制发生作用的实质是能否让个体培养一种对违法犯罪后造成的自己身体惩罚、名誉破坏、自由丧失、健康不再，以及民事赔偿等所带来的痛苦与恐惧的估计意识，并养成痛苦成本与快乐收益比较的思维习惯。

霍布斯认为，教导人民对某些事物心怀恐惧是国家的首要任务，只有怀着这些恐惧，人们才会奉行他们应该遵守的规范。具体来说，向公职人员传递滥用权力可能遭受严厉处罚和舆论谴责等信息，对其进行纪法教育，让公职人员对公权力产生敬畏感，并树立起对滥用权力后果的恐惧感。一旦建立起敬畏权力的恐惧性认知系统，就会潜移默化地规范公权力行使者的政治行为，自觉正确运用手中权力，逐步建立起不敢腐、不能腐、不想腐的思想心理基础。

建立以心理强制为动力的权力滥用的法治主义惩罚机制，需要通过树立对法律权威的恐惧和对司法权威的恐惧来实现。生成对法律权威的恐惧，首先要构建起一套规范权力运作和权力滥用惩戒的法律体系，让所有权力行使者知晓刑罚是犯罪的必然法律后果，凡实施犯罪行为的人都必然承受刑罚，任何人都不能免除刑罚的制裁。通过对违法犯罪行为处以法律惩罚，威慑其他行为人，使其不敢实施犯罪行为。这种恐惧机制是建立在如法国哲学家福柯所说的“表象技艺”基础之上的。所谓“表象技艺”，是指要在犯罪行为与惩罚之间建立起一种牢固的符号关联，即犯罪行为必定会遭受惩罚，有什么样的罪行就会招致什么程度的惩罚。“表象技艺”的这种符号关联意在树立一种犯罪必受惩罚的理念，并给予公职人员对惩罚的畏惧，从而弱化公职人员犯罪的动机。无论是心理强制的恐惧机制，还是“表象技艺”所带来的犯罪必受惩罚的恐惧，都是对法律权威的恐惧。霍布斯认为，任何恐惧在通过多次尝试无害之后，往往就会发生情感钝化，恐惧感就会逐渐式微，只有不断培育和强化，才能确保恐惧感的持续性和恒久性。对腐败分子进行惩罚，使之认识到腐败必然受到惩罚，惩罚是腐败的必然结果，任何侥幸心理都是枉然的。严厉惩处腐败行为既是对行为主体个人腐败行为的惩罚，而且更为重要的意义在于对其他公职人员起到警示、震慑作用，并规范其用权行为。依法惩治能对公权力行使者起到震慑作用，根源在于对法律严厉程度的内心恐惧和敬畏，或者说，恐惧是法律被社会接受的心理基础，正是怕遭受失去人身自由、身陷囹圄等惩戒才接受法律约束。对于这一点，霍布斯坚信，“对政治恐惧恰当的培植有赖于清晰的成文法律和明确的惩罚机制。法律法规应该大量出版，并使普通臣民感到通俗易懂。国家的制裁手段——需人人平等并与规定的条令相符——仅仅运用在那些违法乱纪者身上。法治并不是恐惧统治的一个例外，而是恐惧统治的结果，‘惩戒要达到的目的不是仇恨，而是害怕’”[①]。尽管现代社会司法文明要求人性化的刑罚措施摈弃对罪犯的人格侮辱，但是很难避免刑罚带给罪犯的负面评价。大众媒体对丑恶的犯罪行为的批判总是在刑罚确定之后到来，所以，刑罚与耻辱又紧密联系在一起，遭受刑罚惩罚的人是耻辱的，遭受刑罚惩罚的行为是邪恶的。刑罚的一般威慑功能是相对于特殊威慑而言的，

① ［美］柯瑞·罗宾：《我们心底的“怕”——一种政治观念史》，复旦大学出版社2007年版，第60页。

是指通过刑罚的创制、适用和执行对社会上的潜在犯罪人产生的儆戒效应。通过揭露腐败和对腐败分子科处刑罚，将罪刑关系具体信息扩散、传播到社会，使潜在的犯罪人获得更加具体的认知，即只要腐败就必然要受到惩罚，因慑于受刑之苦而不敢以身试法，动摇其潜在的侥幸心理和冒险心理，从而使刑罚起到遏制腐败意念的作用。

第四节　扎实开展警示教育

警示教育是以受到惩处的违纪违法典型案例，对公职人员进行直接、鲜活的教育。运用已经发生和处理的典型案例，采用案例剖析、以案说纪说法、受到惩处人员现身说法等方式进行警示教育，具有强烈的震慑力和很强的惩戒提示性作用。

替代性强化是心理学家班杜拉提出的社会学习的重要理论，是指观察者通过观察别人的行为受到奖励或惩罚，使自己在以后类似情况下也做出这种行为或抑制这种行为。一般说来，观察者如果看到他人成功的行为、获得奖励的行为，就会增强产生同样行为的倾向；如果看到失败的行为、受到惩罚的行为，就会削弱或抑制发生这种行为的倾向。替代性强化的作用机制可以描述如下：当一个人观察到别人的行为时，会产生两种认识：一个是认识到行为所导致的结果是什么，如外界对此行为的反馈与强化；另一个是认识到此任务的难度如何及其行为方式。这两种认识将会影响观察者对模仿此行为的预期，此预期包括两种成分：对行动结果的预期及从事此行为把握的预期。这两种预期将对观察者是否采取此行为产生重要的影响。替代性强化理论为榜样作用、从众、模仿行为提供了理论基础。要控制人的行为，就可以通过树立榜样、同伴示范等使人们受到替代强化，激起相应的行为动机，产生预期的行为。班杜拉从社会学习的观点出发，认为人除了直接学习外，更重要的还在于他可以通过观察去进行间接学习。个人仅仅通过对他人行为及其后果的观察，就可以学习到各种行为、行为规则与行为方式。也就是说，人们的思想、情感与行为，既受到行为实践的影响，也受到其观察经验的影响。用班杜拉的话来说，“一个替代学习事件可以这样来定义，即经由对他人的行为及其强化性结果的观察，一个人获得某些新的反应，或现存的行为反应特点得到矫正。同时在这一过程中，观察者并没有外显性的操作示范反应”。班杜拉认为，除了对直接行为后果的外部强化外，还有替代强化和自我强化。自我强化是指在行动的过程中，人们根据自己设立的一些内在的行为标准，以自我奖惩的方式，对自己的行为进行调节。自我强化强调行动是否达到了自己的预期标准，从而受到自我奖惩的内部强化。人在行动的过程中总会有自己的预期标准，如果达到了自己的预期标准就会更积极地去行动，否则就会改变行动。

通过对替代强化和自我强化的深入研究，班杜拉发现了自我调节的重要性，他指出强化的作用在于激发和维持行为的动机以控制和调节人的行为。这种作用的机制在于从先前的经验中形成对后续行为的期待。他把这种期待分成两种：结果期待和效能期待。结果期待，是指人对自己的某一行为会导致某一结果的推测。如果人预测到某一特定行为会导致一种好的结果，那么这一行为将会被激活，受到选择。效能期待，是指人对自己能够进行某一行为的实施能力的推测或判断，它是人对自身能力的一种主观上的评估。典型案例，既是他人实施腐败行为受到惩处的实实在在的生动事例，也是昭示腐败经验教训的真实写照。通过剖析违纪违法典型案例对公职人员进行警示教育，使其观察到腐败的严重后果，学习到腐败总会受到惩处的经验，以及如何避免自身腐败的经验，确立对腐败行为的正确看法，从而正确地调节自己的行为。心理学研究证实，恐惧唤起可提高劝说和功效。通过典型案例教育可以明显改变公职人员对腐败的态度。

第五节　营造以廉为荣、以贪为耻的社会舆论氛围

社会氛围是整个社会的文化风气、道德准则、行为

准则，人与人、人与事之间形成的一个环境氛围。社会氛围有着良善与恶俗之别，良善的社会氛围有利于社会成员知耻行善，恶俗的社会氛围则会导致公众荣辱颠倒、善恶难辨。营造以廉为荣、以贪为耻的社会氛围，能制造出公职人员廉洁用权的高尚荣誉感和滥用权力谋私腐败的羞耻感，对腐败恶行歹意形成强大的精神压力，使腐败者形成持续的恐惧情感。

一、知耻方能存戒惧

古人认为，恶皆生于无耻，人只有知耻，方能自觉地从善去恶。亚里士多德认为，耻感一般被定义为对耻辱的恐惧。它实际上类似于对危险的恐惧。北宋文学家欧阳修曾说："不知耻者，无所不为。"意谓，一个人如果不知羞耻，就会不问是非、善恶，不顾道德规范，为所欲为，什么伤天害理的事都能做出来。羞耻感是"个人道德行为的内部驱动力之一，也是一种自我监督、自我检查的力量"。有了羞耻感，人就会自觉行善，做一些符合道德规范的事情，自觉抵制一些不良行为，还会时时地检讨自己，三省吾身。耻感的存在有两个直接前提：对以理想、完满、应然等所标识的善的自觉意识，以及对自我的自觉意识。耻感形成于这两种自觉意识的对照比较过程中。耻感以对善的把握为前提，没有对善的把握即无耻感。按照一些心理学家的划分，人的内在情绪制裁大致可分为"耻感"与"罪感"两类。与西方社会的“社会化”主要体现为“罪感取向”不同，东方社会尤其是中国社会的“社会化”主要体现为“耻感取向”。一个人感觉自己的行为为他人所敬仰，为群体所钦佩，就会产生荣誉感；反之，一个人感觉自己的行为为他人所鄙视，为群体所贬斥，就会产生羞耻之心。从道德哲学角度看，知“耻”，是每个合格公民所应有的最基本的道德感，也是社会正义的心理基础。知耻才能心存敬畏，遵纪守法，不碰底线。现实生活中，一些公职人员之所以腐败，缺乏对腐败行为的耻感是重要原因之一。耻感是主体依据善恶标准，对特定行为与现象所作出否定性评价而产生的愧疚、羞耻、不安与畏惧的心理体验。从功能主义的视角来看，耻感是社会调控机制，它能使人类避免那些可能让人感到羞耻的行为。换言之，耻感可以规约人们的言与行，获致社会秩序。同样，耻感在一定程度上对公权私用也起着防范功能，即在一定程度上弱化公权私用、节制公职人员滥用权力，形成政治清明、政府清廉的好结果。一个人有了羞耻之心，才能心存戒惧，取舍有度。古代的先哲圣贤，历来都把知耻视为“立人之大节”“治世之大端”。孟子曾说：“人不可以无耻，无耻之耻，无耻矣。”意思是人不可以不知羞耻，从不知羞耻到知羞耻，就可以免于羞耻了。人若知耻，方能因求荣免辱、维护自身尊严的内在需要而自觉约束自己。《谷梁传》中说：“君不使无耻。无耻，则随心所欲，无所不为，无恶不作。”领导干部若不知耻，心无戒惧，就没有不敢做的事，其结果影响的不仅是自己和身边人，还极易带坏一个单位、一个地方、一个系统乃至更大范围的政治生态。

亚里士多德曾说过，“年轻人应当表现出羞耻的感情，因为他们由于听凭感情左右而常常犯错误，感到羞耻可以帮助他们少犯错误”。[①] 其实，欲使耻感发挥调控与防范权力滥用之功效，重在营造权力滥用恐惧感的社会习俗、社会风尚，建立起积极正面的基于恐惧的耻感评价机制。通过重塑构建以廉为荣、以贪为耻的社会风尚，让腐败成为不为社会风尚所容的、被社会舆论所贬损和谴责的可耻的行为，让公职人员在心理层面产生害怕因腐败行为而遭受社会舆论谴责、惧怕因腐败而身败名裂的情感反应。其深层次机制是在公职人员内心形成一种道德性恐惧或良知的焦虑感，促使其自觉规范用权、秉公用权。现实社会生活中，个人耻感的生成主要来自于自我评价与社会评价两个不同维度。一方面，自我评价是在没有他者监督、评价的情境中，主体自我意识到行为不当而产生的内心良知上的谴责。在这种评价机制中，耻感依赖于对善恶的理解。耻辱感是对于善的否定性把握，是对恶的抑制力和对善的激发力，是为善去恶的内驱力。心中有善恶的界分，方可判断荣辱，才能有耻感的生成，可以说不知善恶，无以知荣耻。另一方面，

---

① 亚里士多德著：《尼各马科伦理学》，廖申白译，商务印书馆 2003 年版，第 124 页。

耻感的社会评价机制是社会、集体或他人对行为主体的行为进行善恶判断与倾向性评价。此种情况下，行为主体会密切关注社会对自己行为的评价，会通过他人对自我善恶价值信号的传递、赞誉、谴责，在内心形成褒誉性评价或恐惧性评价，产生愉悦性情感或痛苦性倾向，从而坚持或修正自己的行为。

二、舆论可强化荣辱观

社会舆论作为公开的社会评价，是社会意识形态的特殊表现形式，是大众社会里一种普遍存在的社会心理现象。它所实现的社会功能是以公开表达的集合式的公众意见直接或间接干预社会生活，无论对个体或是对一般的小群体都会产生一定的影响，这是由其“民意表达和民众力量的显示”这一特性所决定的。社会舆论实质上是对社会存在的反映，是显示社会整体知觉和集合意识的、具有权威性的多数人的共同意见，往往反映一定阶级、阶层、社会集团的利益、愿望和要求。社会舆论作为公众意见，以拥护或反对、赞扬或谴责的方式对某一公共事件、公共人物进行公开的评价，可以借助多数一致对社会成员产生从众压力，督促或迫使个人服从舆论意向。社会舆论以其“民意表达和民众力量的显示”的特性，具有对涉及公共事务的组织、人员的行为实行监督，进行有效的制约，使之服从服务于既定的社会共同意志，符合公众共同利益的功能，是社会控制的有力形式之一。社会舆论是社会（群众、群体、周围的人）对个体行为和社会组织的活动施加精神影响的手段，是道德关系和人际关系的一种表现，也是对人们的个性、责任感、义务感、荣誉感、羞耻心与集体主义精神、组织纪律性施加强有力的心理影响的手段。从某种意义上说，个体的社会态度、抱负水平与自我监督能力，都是在社会舆论影响下形成与发展起来的。一般认为，对个人社会行为起调节作用的不是某个人自己的意向，而是那些以社会公认的道德标准和原则为基础的社会舆论。社会中大多数人自愿遵守的社会生活规范（风俗、习惯、传统），就是通过社会舆论的权威来维护的。没有这种赞扬某些行为，批评和谴责另一些行为的社会舆论，社会规范就不能维持，社会秩序就会发生混乱，人际关系就会全面崩溃。社会舆论作为一种评价性意见，会对少数人的、与众人意见不同的言行产生环境压力，少数人为了缓解这种压力，会改变或放弃原来的言行，与众人保持一定程度的一致。决定腐败现象是否滋生和蔓延的一个重要因素是国家和社会对腐败的容忍度，对腐败现象的容忍度越高，腐败现象就越猖獗；容忍度越低，腐败现象就越难滋生和蔓延。对腐败零容忍，在全社会营造以廉为荣、以贪为耻的社会舆论，让腐败者成为舆论谴责、人人唾弃的对象，有助于促使公职人员在心底建立起公权公用的道德律令和违背权力道德性的恐惧感。

第六节　树立起纪法权威

一、加强纪律建设，强化刚性约束

纪律是在一定社会条件下形成的为维护集体利益并保证工作进行而要求集体成员必须遵守的规章、条例的总和，是要求人们在集体生活中遵守秩序、执行命令和履行职责的一种行为准则。一般来说，纪律有如下三种基本含义：一是惩罚；二是通过施加外来约束达到纠正行为目的的手段；三是对自身行为起作用的内在约束力。这三层意思概括了纪律的基本内涵，同时也反映出良好纪律的形成是一个由外在的强迫纪律，逐步过渡到内在自律的过程。党的纪律是党的各级党组织和全体党员必须遵守的行为规则。党纪是政治规范，是党员行为的底线，谁若违反了纪律，谁就要受到纪律的严惩。党纪及于思想引导，不仅对党员的行为加以规范，同时对思想作风、道德品质也提出了要求。法律是由国家制定或认可并依靠国家强制力保证实施的，反映由特定社会物质生活条件所决定的统治阶级意志，以权利和义务为内容，以确认、保护和发展对统治阶级有利的社会关系和社会秩序为目的的行为规范体系。法律是国家规范，及于行为管控，是全体公民的行为底线。苏轼《上神宗皇帝书》中说："纪纲一废，何事不生？"意为国家纲纪一经败坏，什么祸国殃民的坏事都会生出来。党员干部和公职人员腐化变质往往是从违反纪律、破坏规矩开始的。事实证明，不守纪律、不讲规矩往往会结出腐败的恶果。思想上放松了纪律和规矩这根弦，行为上就会任性妄为。纪律失守，往往是法律底线失守的预警信号，而法律底线被践踏，纪律红线就必然荡然无存。党纪严于国法，在国家法律之前布设一道更严的党规党纪防线，为党员干部设定更高标准，是全面从严治党的内在要求。

二、严格执纪执法，昭示纪法权威

一个人只有心存敬畏，才能慎初、慎微、慎行。公职人员只有敬畏党纪国法，自觉维护党纪国法的权威，才能心有所戒、行有所止，才能确保正确行使手中的公权力。没有执行，再严格的纪律也将形同虚设。强化纪律意识，要加强纪律教育，使铁的纪律转化为党员、干部的日常习惯和自觉遵循。通过严格执纪执法，可以使公职人员认识到哪些行为是为纪法所禁止的，是纪法所不能容忍的。强化纪律意识，必须严格执行纪律，真正让铁规发力、让禁令生威，让纪律真正成为不可逾越的高压线。

公权力行使者必须牢固树立法律红线不能触碰，法律底线不能逾越的观念，始终对宪法和法律保持敬畏之心。

三、加强纪法教育，强化纪法意识

心怀敬畏，才能慎始敬终。树立纪法权威，必须强化纪法意识。明代朱元璋在审阅《律令直解》时就曾反复叮嘱官吏："律令之设，所以使人不犯法……直解其意，颁之郡县，使之家喻户晓。"清代雍正皇帝在《圣谕广训》中则强调，平居将颁行法律，条分缕析，讲明意义，见法知惧，观律怀刑。为了促使吏民学法、知法、守法，《大明律》和《大清律例》都在"吏律"中明确规定了"讲读律令"的具体要求。在实践中，经常发生这样的情形：有些人已经产生实施某一行为的意念，但并不知道这一行为的性质和对此行为应负的责任。在这种情况下，如果行为人在实施这一行为之前，通过一定的方式使之明了其行为的性质和应负的责任，如果行为人确切地知道将要实施的行为是犯罪行为，是必然会受到惩罚的行为，那么在"趋利避害"心理作用下，行为人大概率不会再将这种行为付诸实施。纪法意识是大脑对纪律和法律的客观反映，是人们关于法律和纪律的观念和认识在个体知、情、意三者的统一。开展经常化的纪法教育，可以帮助公职人员知晓应该干什么、不该干什么。

第/五/章

压缩空间　无机可乘

腐败机会的多少直接影响公职人员腐败动机的强弱，当腐败机会相对充足时，腐败行为的预期效益和成功率便会骤然提高，从而强化当事人的腐败动机，使其不仅敢于铤而走险，而且还会设法进一步扩大自己的权力和资源，以实现个人腐败收益最大化。个体的行为是个体主观心态（意向）与现实客观条件结合的产物，两者缺一不可。

第一节 行为与制度的关系

影响人类行为的因素是多种多样的，概括起来可以分为两个方面：即外在因素和内在因素。外在因素主要是指客观存在的社会环境和自然环境，制度则是影响人类行为的重要外在社会环境因素之一。

一、制度规范指导行为

“制度”一词，在中国思想史上久已有之。《管子》：“有道之君，行治修制，先民服也。”说的就是制度对于治理国家的重要作用。马克思从人类历史发展的向度揭示了制度的根本性、全局性和长期性的地位，强调制度作为稳定的社会关系及其结构，是人类一切文明活动的客观前提和基础，对人类一切文明活动具有整合和规范作用。制度即是规则，是以对抗人的侵略本性而树立起来的障碍。行为是指受思想支配而表现出来的外表活动，它是在一定的物质条件下，不同的个人或群体，在社会文化制度、个人价值观念的影响下，在生活中表现出来的基本特征，或对内外环境因素刺激所作出的能动反应。人的行动在实现其动机目标的过程中，如果遇到干扰障碍，尽管付出努力、想尽办法，但仍难以实现其动机目标时，便会产生挫折感（情境）。心理学认为，心理挫折是指个体在从事有目的的活动过程中，遇到无法克服的障碍或干扰，致使个人动机无法实现，个人需要不能满足的情绪状态。在实现目标过程中，若产生了挫折，一般会出现三种情况：一是改变方法，绕过障碍物，另择一条路径，实现目标；二是无法逾越困难，修改目标，改变行为方向；三是在障碍面前，无路可走，不能实现目标而放弃目标。腐败是为谋取个人私利而滥用公权力的行为。严密的制度必然增加公权力行使个体滥用公权力以谋取个人私利的难度，成为其实现腐败动机目标的严重障碍，而制度又是由组织强力保障其执行的，因而制度是公权力行使个体在公权力行使过程中必须遵循且难以逾越的，必然会使有腐败意念并尝试着搞腐败的公职人员产生严重的挫折感。公职人员有较高的理性判断力，而且腐败的动机又是卑劣的，在想为而不能为的挫折情境下，公权力行使个体便有可能知难而退放弃腐败的念头。

心理学研究表明，每个人都有对被社会排斥的恐惧的本能，这一本能促使人们遵守规矩。人们在与特定的、社会性的事物和事件的接触中会形成对特定的、社会性的事物和事件带有选择性和一贯性的内在反应。严密的制度规范会使人在这样的环境中受到约束。人的本质具有不确定性，“人虽然来自于自然，人的本性都非先天的自然规定，人之为人是人自己创生活动的产物。这就意味着人既没有给予前定本性，人的本性也不是一经确定便永不变化的。恰恰相反，人之为人的那个本质永在创生的过程始终具有未定的性质”①。弗洛伊德曾说过，“文明只得动用每一种可能手段来竖起障碍，以对抗人的侵略本性……这样，人们得到了爱邻里如爱自己的训诫”②。制度是要求大家共同遵守的办事规程或行动准则，是规则、规矩。制度告诉人们应该与不应该做什么，哪些行为可以选择、哪些行为不可以选择，大多数人会选择或不选择哪些行为，并通过对行动者行动权利的控制，来制约和控制行为的选择范围和选择方式。挪威社会心理学家乔恩·艾尔斯特指出，“行为典型地受理性和规范的双重影响”。制度会对组织施加约束性的影响（这称为“同构”），迫使位于同一制度域、受到相同外部制度因素影响的组织趋于一致。从社会哲学的角度看，制度最直接的功能是形成和建构社会秩序。因而对于生活在该规范体系适用范围内的任何组织和个人来说，是一种必

① 高清海：《哲学的奥秘》，吉林人民出版社 1997 年版，第 14 页。

② 弗兰克·戈布尔著：《第三思潮：马斯洛心理学》，吕明、陈红雯译，上海译文出版社 1987 年版，第 4 页。

须遵守的秩序和规范，是一种外在的强制力量，任何人都不得违反，否则就得付出代价。制度对人的行为选择和人的发展具有激励、导向作用，规定着人的行为选择空间，规范着人们应当做什么、不应当做什么。制度分析不同于理性分析，不认为某种原因必然导致某种行为，而认为具有某种制度特征的组织必然会做出某种行动的选择。美国经济学家道格拉斯·诺斯认为，“制度是一个社会的游戏规则，更规范地讲，它们是为人们的相互关系而人为设定的一些制约”。而按照制度经济学家凡勃伦的看法，制度本身则是由“为大多数人普遍接受的固定的思维习惯”所组成的。因此，制度具有指导性和约束性的特点，这有助于增进个体对其行为的可预见性。

表面上，制度具有规范性和秩序性功能，实质上，制度具有裁判功能，即社会价值的合法性分配功能。制度作为利益的合理性和合法性分配方案，决定着利益分配，将各方利益关系调整至均衡状态。自利行为原则认为，在其他条件相同的情况下人们会选择对自己利益最大的行动。理性选择论认为，制度提供的环境会令个体采取不同的策略以最大化自身的利益，以达成目的为最终手段。制度的可预见性，使个体在行为选择上不能“随心所欲”。制度具有自我强化功能，道格拉斯·诺斯指出，在制度变迁中同样存在着报酬递增和自我强化的机制，这种机制使制度变迁一旦走上了某一条路径，它的既定方向会在以后的发展中得到自我强化。这也就是人们常说的“习惯成自然”。

二、制度增加行为的机会成本

制度所具有的合理性和合法性分配功能决定个体行为的机会成本，从而对个体行为抉择产生重要影响。所有的选择都有机会成本，机会成本是指为了得到某种东西而所要放弃另一些东西的最大价值。经济学自利行为原则认为，人们在进行决策时按照自己的财务利益行事，在其他条件相同的情况下人们会选择对自己经济利益最大的行动。当一个人采取某个行动时，就等于取消了其他可能的行动。因此他必然要用这个行动与其他的可能行动相比，看该行动是否对自己最有利。采用一个方案而放弃另一个方案时，被放弃方案的收益是被采用方案的机会成本。通过对行贿受贿、权钱交易等腐败现象作深入的分析，我们不难发现追逐利益是导致腐败现象滋生蔓延的一个内在根源。可以这么说，一切腐败行为都是受利益驱动的，这种逐利行为又来自非正当的欲望和需要。就腐败的微观机制而言，成本—收益模型是一种具有较好解释力的经济学模型。当公职人员从事腐败或犯罪活动的收益比其成本或风险大得多时，他就具有从事腐败的动机和激励；当潜在的收益足够大时，他就可能“铤而走险”，这是产生腐败的微观机制。腐败成本是指腐败者在腐败过程中所需支付的现实成本和机会成本。与其他社会活动的成本明显不同，腐败成本有其独特之处，是存在于政治和经济活动领域的一种特殊的追偿性成本。腐败各类成本中风险成本占据了最重要的地位，也是腐败者最在乎的，风险成本是腐败败露得到的惩罚。风险成本包括受纪法惩处的成本。由于刑罚具有严厉性，法律成本不仅是最主要的受惩成本，也是腐败者承受的最大风险。我国刑法规定，对腐败方面的犯罪重者可以判处死刑，这让许多腐败者付出了极为惨痛的代价，腐败的成本也达到最大化。此外，还包括政治成本。显然，腐败的成本是远高于收益的。但这种成本的付出并不是即期的，不是今天腐败了，明天就会被抓。更为重要的是，这种成本的付出是不确定的，即并不是所有腐败者都能被抓住。基于这种经验，腐败分子一般都相信自己永远不会被抓住，可以“平稳着陆”，安享腐败收益。这样的心理如同吸烟者虽深知“吸烟有害健康”，仍迷醉于烟雾带来的立竿见影的快感，因为他们认为，吸烟的危害要在很远的将来才会出现，并且很可能永远不会在自己身上出现。心理学研究发现，快结束的感觉，有时反而会引起不良的心理反应。特别是在欺骗成本很低的情形下，人们很有可能在快结束时的最后一次机会里选择满足自己的私欲，而不是坚守社会期许的道德，这种现象在心理学上称为“末端欺骗效应”。“末端欺骗效应”所描述的是：当人们面对一系列的利益选择时，更倾向于最后一次时采取欺骗行为的现象。心理学家认为，人们的欺骗行为源自对“想要”和“应当”之间的权衡，而影响权衡结果的两大因素是机会的稀有性和预期后悔程度。结果发现，当人们认为自己面临最后一次选择机会时，欺骗行为的比例相较其他选择中的比例就会显著提高；同时，人们的预期后悔程度越高，越有可能在最后的机会中采取欺骗行为。侥幸心理只看到偶然得逞的一面，看不到也不想看到必然败露的一面，这是助长违纪违法的因素，是步入歧途的“跳板”。从心理学上分析，侥幸心理是人的本能意识，是一种自我欺骗，当一个人自控力不强，加之侥幸心理作祟，就容易自我膨胀，伸出不该伸的手。大量事实证明，几乎所有的腐败分子都有不同程度的贪占心理。当金钱和物质摆在他们面前时，或者当方便条件具备了的时候，这些人的贪欲就会占上风，就会见钱眼开、见利忘义、贪得无厌，甚至巧取豪夺。

制度最基本的功能是对公共权力的行使进行规范、规制，堵塞权力运行中的漏洞，减少公共权力被滥用的空间。制度无疑会增加腐败者的机会成本。一是完善的制度体系可实现资源配置的非人格化，严密的制度可以实现对公共权力运行中可能出现的权力失控、行为失范进行约束防范，增加腐败行为的现实交易成本；二是严密的制度增加了腐败行为暴露和被查处的概率，加重了试图腐败者的政治、经济及法律风险，增加了腐败行为者潜在的经济成本、政治成本、法律成本和道德成本。减少犯罪的心理强制理论认为，从理性人假设和功利主义的角度来看，如果人们能够事先明确意识到：触犯法律将招致的痛苦较之违法行为的欲求不能被满足而产生的痛苦更大，那么违法行为就能够被阻止。换言之，在趋利避害、趋乐避苦的心理作用下，人们在选择是否违法时，往往会对违法所带来的痛苦与其所带来的快乐作出对比，如果痛苦大于快乐，人们将会在内心形成一种心理强制，从而趋向阻止违法行为的发生。

第二节　制度需要建设更要执行

一、制度具全局性、根本性

“小智治事，大智治制。”制度建设在反腐败斗争中的重要性，根本上源于“制度问题更带有根本性、全局性、稳定性、长期性”。制度之所以更带有根本性，是因为通过制度可以从根源上切断公共权力与私人利益的不正当勾连，实现不能腐的目的。腐败是公共权力的滥用和私用，制度是不因人而异的人人都需遵循的统一规则，能够让权力受到有效约束，并对违者加以严厉惩戒。制度更带有全局性，是因为只有厉行制度，避免各自为政和各行其是，才能保证权力要求的统一和行使的统一。制度更带有稳定性，是因为制度有刚性和可预期性，不随一些人意志或者局部的变化而改变，不会朝令夕改。制度更带有长期性，是因为制度一经施行，便具有持久的约束力和导向性，可以保持对权力约束的持续性和长久性。制度的这些特性，决定了它在规范权力、约束权力和监督权力中所具有的优越性，从而也使它在反腐败斗争中占有重要的地位。人类具有自利、机会主义等行为特征，制度的约束力则有助于抑制人们的这种固有本能。制度经济学中常常引用“分粥”的案例来说明制度的功能：在一个僧多粥少的庙里，人们发现掌勺和尚分粥有多有少，因人而异，很不公平，于是掌勺和尚改由大家推选。但一段时间后，发现这种方法也行不通，因为谁都有私心，大家推选的掌勺和尚其实也亲疏有别，难以公平。经商量，决定轮流掌勺，一人分一顿，情况虽一时有所好转，但时间一长，发现问题更多，因为个别和尚不仅分亲疏贵贱，轮到自己时还又吃又藏。经过反复讨论，大家决定在轮流掌勺的基础上再加上一条规矩：分粥者必须拿最后剩下的那一份。这样，问题最终得到了很好的解决。17—18 世纪，英国运送犯人到澳洲。开始时按上船时犯人的人头给私营船主付费。私营船主为了牟取暴利，不顾犯人死活克扣食物，更有甚者刚一出海就把犯人活活抛到海里。英国为了降低犯人死亡率，想了多种办法，最后制定一项新的制度：按照到达澳洲活着下船的犯人人头付费。结果，船主绞尽脑汁让犯人活着到达目的地，犯人死亡率由最高时的 94% 下降到 1%。

历史和现实都证明，加强体制机制创新，完善权力运行制约和监督体系，可以有效地从源头上防范公权力行使失控、决策失误、行为失范的问题。人类政治发展史表明，一个良好的制度安排无疑有助于抑制腐败问题的发生；相反，制度设计上的缺陷会给腐败的滋生提供条件。加强制度建设是从根本上减少腐败机会的前提条件。在消除腐败机会方面，最有效的做法就是不断建立和完善制度体系，把存在的制度漏洞风险降低到最低限度，提高公权力运行的制度化水平。

二、制度建设在于务实管用

"经国序民，正其制度。""不能腐"实质就是要努力构建系统完备、科学规范、运行有效的制度体系，将制度的笼子扎紧扎密，最大限度地减少体制障碍，堵住制度漏洞，发挥制度的规范作用以减少腐败机会，弱化腐败动机，推动源头上治理腐败。具体要求就是要一手抓制度建设，全方位扎紧制度的笼子；一手抓制度执行，注重运用制度的执行力和约束力，确保用制度管权、按制度办事、靠制度管人，把权力关进制度的笼子。

制度建设是一个制定制度、执行制度并在实践中检验和完善制度的动态过程。制定制度是通过组织行为改进原有规程或建立新规程，大致包括三方面内容：一是制定公共规则，二是保证规则执行，三是坚持公平原则。制度建设应当注重发挥制度的整体功效，着力构建科学的制度体系，形成靠制度管权、管事、管人的长效机制。

把制度建设放到权力运行、行政管理宏观背景中考察就会发现，必须构建一个与此相适应的闭合的、关联的、科学的制度系统，这个制度系统的各分支应该是各有侧重、不可替代，而又协调统一的有机整体，缺少任何一部分都会造成结构、功能和功效的缺失。制度建设关键是要管用、可行，应当着眼于机制的建立完善。制度的生命力，在于根据形势发展和现实情况的变化，与时俱进不断完善。找准权力与利益之间的联系，用制度规范切断公权与私利的纽带。深入推进行政权力运行体制机制改革，大力削减行政审批事项，扩大公共资源市场配置范围，最大限度压缩“权力寻租”空间，防止公共权力干预微观经济获利。推进廉政风险防控机制建设，从重点领域、重点部门、重点环节入手，排查廉政风险，健全内控机制，构筑制度防线，形成以积极防范为核心、以强化管理为手段的科学防控机制。凡是能通过法律、法规、政策、经济方法解决的问题，应尽量避免或减少用行政手段来解决；即便是需要采用行政手段来解决的问题，也必须有公开公正的程序。要健全依法决策的程序机制。程序能够引导、激励和约束行政机关及其工作人员。依法决策，尤其是重大行政决策依法进行，是提高决策质量、推进民主科学管理、推动治理体系和治理能力现代化的重要保障，也是不能腐的重要约束条件。

三、制度执行重在严字当头

制度始于规定，成于执行。制度之所以能够对个人行为起到约束作用，是以有效的执行力为前提的，即有强制力保证其执行和实施，否则制度的约束力将无从实现，对人们的行为也将起不到任何的规范作用。人们不怕有规则，就怕没规则，更怕有规则而不按规则办事。“天下之事，不难于立法，而难于法之必行。”使执行制度成为人们的自觉行动，既要靠制度的强制力，也要靠各方面的监督检查。制度执行必须“严”字当头，用严明的纪律维护制度，增强制度的约束力和执行力。要强化制度执行情况的监督检查，坚持制度执行没有特权、制度约束没有例外，确保制度的全面执行；要强化监督问责，落实问责主体、细化问责对象、明确问责情形和处罚方式，严肃责任追究，对违反制度的行为及时问责追究，坚决杜绝制度执行中出现“破窗效应”，维护制度的刚性权威。对钻制度空子，谋取私利；阳奉阴违，在执行制度上作选择、搞变通、打折扣；自己本身不过硬、有问题，恶意逃避制度的监管等典型案例，要给予严肃查处，推动制度执行，增强制度运行的惩戒性和威慑力。

四、强化制度意识养成制度自觉

制度的生命力在于执行。增强制度执行力的关键是要强化制度意识。意识是一种思想、思维和观念，它来源于实践，是实践经验的概括和总结。意识又指导和决定人的行为。强化制度建设与执行，必须切实强化公职人员的制度意识。制度意识的内涵包括制度权威意识、制度平等意识、制度约权意识、制度改革意识。强化制度意识，就要充分认识制度的必要性和重要性，把执行制度作为重要政治责任，做坚定的制度执行者；要始终对制度怀有敬畏之心，严守制度、恪守规矩，明白哪些事能做、哪些事不能做，哪些事该这样做、哪些事该那样做，任何时候都要做到在制度之下、而不是在制度之外想问题、作决策、办事情。制度的作用发挥取决于内化机制与外部管制机制的共同作用。制度规则中所包含的价值如果能被人们所接纳，并转化为自己的行为规范，那么行动者就会自觉地按照制度规定来进行选择。这样，制度就达到了规范、调节人们行为的目的。制度的外部管制机制是通过实施和执行制度的实践，来对行动者的行为选择进行外部干预，促使行动者按照制度规则行动的。文化是制度的灵魂，离开文化的价值支撑，制度就会偏离正确方向，制度能否发挥规范制约公权力的作用，取决于制度文化的状况。理性选择制度主义也认为，制度对行为的框定和约束，是通过相关行为者的活动引起行动者的策略性响应而发挥作用。制度的权威，源自人的内心尊崇和真诚信仰。制度权威的树立是落实制度的重要前提和基础。如果制度权威树立不起来，必然会影响制度的执行落实。制度权威的树立是主客体相互作用的过程。制度都是人制定的，也是需要人去遵守的。制度形成之后，对人来说就成为一种客观制度环境，从而成为客体，人则成了必须接受制度“硬约束”的主体，需要制度所约束的每一个人对制度深怀尊重和敬畏之心。辩证唯物主义原理告诉我们，强化制度意识的培养，离不开制度的实践，公职人员要自觉在制度实践中不断强化制度意识。

实现从制度的外在强制到主体自律的转化，要建构反腐倡廉制度建设“内化—外化”的长效机制。制度作为外在力量，对于个体行为的形成和素养的提升具有正向的强制性、引导性作用，但只有在制度内化成自觉的机制，成为一种隐性的文化，渗透到每个公职人员的骨子里，成为一种无形却又无处不在的精神力量时，制度的作用才可能得到充分的、持久的发挥。内化是在思想观点上与他人相一致，自己所认同的新的思想和自己原有的观点、信念结合在一起，构成一个统一的态度体系。这种态度是持久的，并且成为自己人格的一部分。心理学家皮亚杰认为，任何外部影响都是通过“同化”和“顺应”这两种机能而被接受到主体认知结构中来的。同化是指主体认知结构对外部刺激进行过滤或改变而把它接纳到认知结构中来，而认知结构在同化外部刺激的过程中，自身结构也发生相应的改变即顺应。同化和顺应实质上是同一心理过程的两个方面。内化的过程始终与人的心理过程，即认知过程、情感过程、意志过程发生着紧密的内在联系。公职人员对制度的态度体验，是制度内化的决定因素。心理活动具有选择性特点。情感是主体在同对象发生联系时所形成的态度体验，它揭示的是主体同对象之间的关系感受，是对事物和人的一种好恶倾向。情感对心理选择起着重要作用。正如列宁所说："没有人的感情，就从来没有也不可能有人对真理的追求。"[①] 需要是公职人员制度内化的诱导因素，是公职人员将制度内化的内在动力。辩证唯物主义认为，外因是变化的条件，内因是变化的根据，外因通过内因而起作用。公职人员对制度本身的需求意识是其自觉接受制度约束规范，并自觉用制度自行约束规范的内在动力，是制度作用得以实现、制度内化得以发生的基本条件。意志是制度内化的保证因素。意志是个体为了达到一定目的而自觉地组织自己的行为，并同克服困难相联系的心理意识过程。简言之，意志就是一个人"为"或"不为"某一行为的决心。将制度内化于心，成为自己的行为自觉，把规矩规范作为自己的生活习惯，需要改变自我、超越自我，这都需要公职人员有决心、有恒心。将制度规范内化于心，要在强化制度执行的同时，加大对公职人员制度重要性、必要性教育的力度，增强其制度认同感，易风成俗，真正在内心深处形成尊崇制度、敬畏制度和遵守制度的良好意识。心理学理论认为，模仿是人

① 《列宁全集》第 25 卷，人民出版社 1988 年版，第 117 页。

的社会性最基本、最简单的表现形式之一。大量实验数据证明，人们的观点、认识和对事物的态度在很大程度上能够影响他人的感知内容。宣传心理学认为，榜样的力量能够使人产生遵从的观点和行为趋向。因此，在制度教育中要树立严格遵守制度的正面典型，以发挥榜样的示范引领作用；同时也要利用无视制度、不遵守制度的反面典型现身说法，通过他们的惨痛教训使周边人得以警示、震慑。

第三节　完善监督制约机制

一、权力需要监督

监督对于行使公权力的个体而言是外部约束的重要力量。有心理学观点认为，对我们造成压力的，不是压力事件本身，而是我们对压力事件的看法。心理学相关研究表明，当你认为有人看着你的时候，你的自控力会明显提高。因为再自律的人也会有难以控制自己的时候，这个时候需要有外部力量的帮助。外部力量不需要是真实存在的，只要我们自己意识到自己的行为会被其他人知道，我们的自控力就会明显提高。心理学家曾做过这样的实验，只要在捐款箱上面贴上一只眼睛的图片，捐款的数量就会明显增加。也有心理学家利用万圣节对小孩子做了实验，当小孩叫着“不给糖就捣乱”来到门前时，心理学家让他们一个一个进屋自己去桌子上拿糖，但是只能拿一颗。有的孩子进屋后只拿了一颗糖，有的孩子则拿了好几颗，他们的行为都被监控录了下来。造成这种差别的一个重要因素是，房间里的镜子是朝着墙还是朝着人。当镜面朝向人的时候，孩子能从镜子里看到自己，于是就变得自律，遵守约定。当镜面朝向墙的时候，孩子通常没有注意到镜子，只有极个别的孩子在这时能遵守约定，大部分孩子都多拿了糖。可见，外部约束对人的自控力的影响确实重大。

权力就是支配力。马克思、恩格斯指出，权力是社会关系的一种表现形式，在一定的社会关系中，它表现为一方支配另一方的力量，是人与人之间的一种特殊影响力，是一些人对另一些人造成他所希望和预定影响的能力，或者是一个人或许多人的行为使另一个人或其他许多人的行为发生改变的一种关系。其本质就是权力主体对自己在各种社会关系中的价值资源和他人的价值资源进行有效影响和制约的能力。权力通常包括经济权力和政治权力两种。经济权力是指对物质财富的占有权、支配权、分配权和管理权。政治权力主要是指国家权力，也包括党派的权力和团体的权力。公权力就是集体赋予领导主体（领导者个人或领导团体）支配属于集体或其他成员价值资源份额的一种资格。历史经验表明，“没有监督的权力必然导致腐败，这是一条铁律”。为了保证权力正确行使，有效防止权力运行失控，必须建立完备规范的监督约束机制，对权力进行强有力的制约和监督。只要有公权力存在，就必须有制约和监督。

掌握权力并非必然腐败，秉持不同价值观、具有不同人格特质的人在获得权力时，会做出完全不同的行为，并非所有人在获得权力后均会发生腐败行为。掌握权力的人如何运用手中的权力，完全取决于公权力行使者个体的觉悟和外部的监督制约。权力制约和监督机制不健全，是存在"能腐败"的十分关键的客观因素。为了防止权力对社会的威胁，使权力为善而不作恶，需要对权力有制约。不同社会制度的宪法，权力制约原则的表现形式并不相同，在社会主义国家的宪法中，权力制约原则主要表现为监督原则。

制约的本意为限制约束，即用强力限制权力，使权力的行使在制度的框架内，以此防范滥权、私权行为的发生。从行为法学的角度看，制约和监督都是对领导（职务）行为的法律控制，即对行使公权力的公职人员合法的积极的职务行为的肯定、激励和保护，对其违法的消极的职务行为的防范、惩戒和矫正。前者发挥权力行为的正面作用，促进廉政建设；后者限制权力行为的负面作用，清除腐败现象。两者互相联系，互相促进。在保障权力依法正常运行中，制约起着整体性、决定性的作用，监督则是一个重要环节，是制约的必要和有益的补充，监督和制约是防止公权私用、腐败滋生的一体两翼，两者同向发力，相得益彰。防止权力滥用、有效削减腐败增量，对公职人员造成“腐败难、难腐败”的心理压力和暗示，既要有“监督”，亦要有“制约”。

二、完善的监督体系是监督有力有效的基础

监督包含两层意思：一是监察，二是督促。监察的目的是发现问题，督促的目的是解决问题。其本意为对现场或某一特定环节过程进行监视、督促和管理，使其结果达到预定的目标。监督能起到指引、震慑和校正的功能，是约束行政机关及其工作人员的重要因素。监督有别于其他的公共管理活动，其主体具有法定性和特定性，监督职权来自于宪法和法律的明确规定。从形式特征方面看，监督是一种“整体性”的监督活动。所谓整体性，包含三个方面：一是监督主体的整体性，即各种监督之间具有分工与职能协调，从而形成一个有机的整体监督力量。二是监督模式的整体性，以多样的监督模式，实现预防与惩治相结合的监督模式。三是监督过程的整体性，事前监督、事中监督和事后监督三方面结合。

第四节　厉行法治

法治是依据法律的治理，是依法合理配置权力和权利的治理模式。

一、法治的实质意义是限权、控权

治吏的核心在于治权。权力的支配和控制属性，体现着不平等的社会关系和强制性的力量，因此，权力具有自发的扩张性，容易膨胀、失控。权力拥有者为了谋取私利，就可能超越权力和突破权力，进行权力寻租，从而导致腐败。因此，权力蕴含着腐败的可能性。腐败是权力主体的一种主动性行为选择。腐败是否实际发生取决于权力主体如何使用其掌握的公共权力以及规则、制度的限制。当公权力的行使者偏离公共角色规范和权力行使规则，公共权力背离公共性，权力才发生腐败，此时的规则或制度缺陷就为腐败提供了现实可行性，使腐败由可能转为现实。政府的权力受到法律的限制，是法治的实质意义。权力是人格化的东西，其中不免掺入个人的价值取向。特权心理、特权意识在心理学上称为“心理特权”，是指一种感到有权力获得优待、被豁免社会责任的稳定而普遍的主观信念或知觉。特权是滋生腐败的思想根源和重要条件，马克思主义廉政思想强调要以法治防止管理者拥有特权。马克思指出，“特权是资产阶级直接经济剥削以外对人民进行的第二重剥削的手段”[①]，要避免特权和特权阶层的出现，应采取法律这一明确、普遍的规范。法治在形式上包括依法办事的一整

① 《马克思恩格斯选集》第3卷，人民出版社1995年版，第92页。

套制度安排及其运行体制机制；法治的实质意义则强调“法律至上”“法律主治”“制约权力”“保障权利”的价值、原则和精神，两者是一块硬币的正反两面，是一个整体。法治具有可预期性、可操作性、可救济性的优势，具有监督性和自我约束的属性。只有以非人格化的法律予以监控、制约和督促，才能有效地整肃吏治，才能坚决防止权力滥用。法治本身所特有的组织管理、规范校正、惩戒救济、激励引导功能，可以对公权力行使者起到引导、规范、制约、激励和惩戒的纠偏扶正作用。

法治是规则之治，严格的法定程序起着限权、控权作用。把权力关进制度的笼子，首先是把权力关进程序的笼子，包括决策程序、执行程序、监督程序等。一方面使其具有职能上的法定性、正当性、有效性，避免权力过度膨胀和滥用；另一方面使其按照既定的权限和程序启动和运行，并且以民众看得见的方式行使，提高权力行使的公信力。程序，特指进行某项活动或过程所规定的途径。程序具有规定性、公开性。程序的作用在于有效制约权力行使的随意性。程序不是控制权力本身，而是控制和规范权力怎么行使，按照什么样的步骤和以什么样的方式去行使。公权力行使者自觉增强程序意识，可以使权力运行得更加规范有序，工作开展得更加阳光透明。现代法治国家特别强调对于重要的行政行为程序加以规范化，即对直接影响行政相对方重大权益的行政行为实行严密的程序控制，以法定的形式设置若干程序规则和制度来控制监督行政权力的运行，规范行政行为的实施过程。理论和实践反复证明，程序正义是实体公正的保障。只有程序明确才能避免公权力的任性、恣意，只有严格程序才能有效控制和规范公权力的正确行使。法治正是通过公正、公开的程序规范、监督和限制公权力的。公权力行使者要切实维护程序的严肃性，不能违背程序的要求，破坏程序公正。

二、法治需要树立法治信仰

法律的权威源自人民的内心拥护和真诚信仰。《现代汉语词典》（第 7 版）对“信仰”作了如下解释：“信仰”一方面作为动词，意为“对某人或某种主张、主义、宗教极度相信和尊敬，拿来作为自己榜样或指南”。另一方面作为名词，则表示“相信并奉为准则或指南的某种主张、主义、宗教等”。亚里士多德曾说过，“法律能见成效，全靠民众的服从”①，“邦国虽有良法，要是人民不能全部遵循，仍然不能法治”②。法治信仰，是发自内心地认同法律、信赖法律、遵守和捍卫法律，就是对中国特色社会主义法治道路、法治理论、法治体系、法治文化的坚定自信。一旦法治成为一种信仰，人民就会长期持续、自觉自愿地遵守法律，把依法办事当成自己的生活习惯。春秋时的管仲曾说：“国皆有法，而无使法必行

---

①② ［古希腊］亚里士多德著：《政治学》，吴寿彭译，商务印书馆 1983 年版，第 81 页、第 199 页。

之法。”明代张居正则感叹：“天下之事不难于立法，而难于法之必行。”许多犯罪心理学家认为，不是去详尽地掌握具体规范的规定，而是掌握与道德原则相吻合的一般法律原则，具有重大意义。只有这些原则内化为个体对法律的态度（尊重或轻蔑，肯定或否定），具有对行为的评价功能（包括对自身行为和他人行为的评价）之后，才能保证一种内在的社会心理监督，而这种监督是实施违法行为的障碍。历史和现实的实践反复证明，只有在全社会树立对法治的信仰，才能使遵纪守法成为一种自觉，使依法办事成为一种自然，才能源源不断地释放规则的正能量。信仰作为人类特有的一种精神和文化现象，是在一定社会生活条件下形成和发展起来的。心理学家认为，信仰作为个体一套完备的信条，构成了个体直觉式思维的理论基础。法治信仰具有亲历性。法治信仰不是被灌输出来的、被教导出来的，而是基于人们通过参与到法治实践的过程，借助一系列的社会实践、个别经验和亲身感受而逐步到对法治的归依和对法治的认同。对公职人员而言，树立法治信仰要牢固树立宪法、法律至上观念，积极参与法治实践，破除特权思想和人治理念，坚持科学立法、严格执法、公正司法，在实际工作中培养和运用法治思维，在法治轨道上推动各项工作。

三、厉行法治要求公职人员“法”“德”兼修

法国启蒙思想家、法学家孟德斯鸠认为，法律是基

本的道德，道德是最高的法律。道德是纪律和法律的伦理基础，法律原本就是道德，只不过不是一般的道德，而是上升为国家意志的道德。从执法的角度看，任何法律的有效执行，都有赖于一定的道德环境，否则，再好再完备的法律也难免要在执行中受阻、走样，甚至变得一文不值。离开了道德基础，纪律和法律就仅仅是一种外在的约束和强制：一个缺乏道德的人不可能成为始终如一遵纪守法的公民。此外，法律约束人们的行为不越出法律的规定，道德却可以激发出人们的巨大热情、积极态度和负责精神，用自己的道德行为去弥补法律的漏洞和不足。早在 2000 多年前孔子就说："道之以政，齐之以刑，民免而无耻；道之以德，齐之以礼，有耻且格。"他认为，用政治来治理、用刑罚来整顿，人们只是暂时地不去犯罪，但不能使人有犯罪的廉耻之心；如果用道德来引导、用礼教来规范，人们不但有廉耻之心，而且人心归服。孟子说过："人无羞耻之心，不可教也。"孟子所说的"羞耻之心"，实质就是个体的道德信念。如果一个人在长期生活中不能形成一种坚定的萦绕于心头的稳固的道德观念的话，那么法律建立于惩罚基础之上的威慑作用会瓦解，他会缺乏正义感，凭着非理性的判断肆无忌惮地发泄本能冲动，寻求不良需要的满足，在实施腐败行为（犯罪行为）过程中也会因道德的沦丧而千方百计地为自己的行为辩解，将自己的行为合理化，以减轻自我谴责。在古人看来，修身是为政以德的基础。

为政者必须重视自身道德修养，首先要“格物、致知、诚意、正心、修身”，然后才能“齐家、治国、平天下”。明末清初思想家王夫之提出，“夫为政者，廉以洁己，慈以爱民，尽其在己者而已”。他认为，做到清廉爱民，需要在主观上努力修身。道德建设要与法治相融合。法律义务与道德义务具有较为密切的联系。有限制的道德法律化可以成为提升国民整体道德水平的有效途径。维护社会秩序和善良风俗是法律的重要任务之一，道德的形成发展从总体上看是一个自发的过程，道德实施却不能完全靠自觉的行动，必须要有法律的强制性。

第/六/章

内无妄思　外无妄动

要抑制腐败动机的形成，就必须制约不良心理因素，增强心理综合抗拒力。增强人们的心理综合抗拒力，就是要培养人们具有正确认识、积极情感与优良个性等心理综合因素。若能使主体的心理综合抗拒力大于不良心理因素，就可以使其自觉阻碍、抗拒腐败动机的形成。

第一节　自律是抵御诱惑的重要支点

一、自律是自我约束的人格力量

古人说："祸生于欲得，福生于自禁。"所谓自律，是指根据自己的道德价值观和道德思维，为自己立法，并按自己的意志和立法去行动，即使在没有人现场监督的情况下，也能通过自己要求自己，变被动为主动，自觉地遵循法度，拿它来约束自己的一言一行。自律是一种不可或缺的人格力量，没有它，一切纪律都会变得形同虚设。自律是克制人的劣根性最有效的方法。社会心理学的研究证实：控制侵犯行为的最有效方法是学会自我抑制侵犯行为。柏拉图曾说："自制是一种秩序，一种对于快乐与欲望的控制。"高尔基曾说："哪怕对自己的一点小的克制，也会使人变得强而有力。"萧伯纳说："自我控制是最强者的本能。"斯科特这样理解自律，"所谓自律，是以积极而主动的态度，去解决人生痛苦的重要原则，主要包括四个方面：推迟满足感、承担责任、尊重事实、保持平衡”。在心理学中，自律是指在面对诱惑时，平衡内在冲动的能力。它并不是压抑当下的内在冲动，相反，它是一种承认与接纳内心冲动，并意识到这种冲动和外在标准可能存在的冲突，自主自愿地做出符合外在主流标准的行为选择。诱惑无处不在、无时不有，在面对诱惑时个体需面对两种敌对的力量，一种是呼吁个体做出合理行为的自我控制力量，另外一种是鼓励个体做出满足欲望行为的冲动力量。如果一个人的内心无任何约束，只要有一点外界诱因或自我需要，就会轻易实施犯罪。实践表明，堕入腐败泥淖的公职人员往往是自律不足而败下阵来的，其贪腐行为的发生多是“放纵——放纵自己的行为；迁就——迁就自己的错误；失度——失去做人的尺度”三步曲。心理学研究认为，凡是你想控制的，其实都控制了你自己。人活在这个世界上，会面临诸多的诱惑，自控力弱是一切堕落、罪恶的根源。自控力弱的人，容易随波逐流，容易被自己的欲望所控制，最终害己害人。自己把握不住自己，就容易跌跟头。

人的一切行为，包括善行和恶行，无一不受一定的思想制约，即受一定精神力量控制。苏联教育家苏霍姆林斯基曾说过：“使人做自己举止行为的最严厉的评判者的力量是什么？是良心，它成为行为和理智的捍卫者。”良心是一定的社会关系和道德关系的反映，是人们的各种道德情感、情绪在自我意识中的统一，是人们在履行对他人和社会义务中形成的道德责任和自我评价能力，是自觉地遵从主流道德规范的心理意识，是个人自律的突出体现，对个体行为发挥着判断、指导和监督的作用。马克思说：“良心是由人的知识和全部生活方式来决定的。”[①] 良心是历史的、具体的、社会的范畴，是一定社会生活和社会关系的反映，是人们在实践过程中逐渐形成的，良心的形成及其真正成为调控道德主体行为的心理机制，便标志着道德主体实现了自律与他律的统一。生活中不乏受良好激励而舍生取义的人，也不乏受良心的责备而悔不欲生的人。这种约束力之所以强大无比，恰恰是因为它来自主体自身的理性、意志、情感，因而是自己对自己的克制。个体走向腐败是一个“底线”失守的滑坡过程，也是个体逐渐将腐败行为合理化的过程。正常人在犯罪或做不道德的事情时，会有负罪感和不安的情绪。而道德脱离（心理学家班杜拉提出的概念，是一种将个体行为和内在价值观分离的机制。给自己找一个理由，来解释为何会做出不符合自己价值观的事情的自我辩护，是道德脱离的主要表现）使得一些人在从事不道德行为时，不会感到强烈的困扰，这就让腐败行为得以延续下去。

一个人在无人监督的情况下，能够自我控制和自我监督，行为不越轨，便是自律。自律就是自己与自己作

① 转引自《习近平关于社会主义文化建设论述摘编》，中央文献出版社 2017 年版，第 108 页。

斗争，与自我欺骗作斗争。德谟克里特说过："和自己的心进行斗争是难堪的，但这种胜利标志着是深思熟虑的人。"除了外部因素，人也有自身的弱点：通常会采用最节省认知资源、最偷懒的路径去思考决策。这些弱点使得保持清醒是件需要付出努力的事情，而一般人往往会一不小心就掉进了非理性思维。延迟满足是指甘愿为了更有价值的长远结果，而放弃眼前的利益的决策取向。有些人可以遏制眼前冲动，实现延迟满足；有些人则对于即时满足更加渴求。面对贿赂的诱惑，几十万元的现金就是即时奖励，相较于唾手可得的获益，远大的理想和目标就变得没那么重要了。人类另一个显著弱点就是，往往对于未来的结果估计不足。并且，相比于未知和不可预测的后果，人们更加愿意作出后果是已知的决定。腐败的好处是立即的、有形的、可预测的（钱就摆在眼前）。而腐败行为的风险则不太明显，产生后果的时间较长，且难以预测。因此，人们往往低估犯罪的风险，给自己的铤而走险赋予很多理由。社会学理论认为，一些人不能顾及其行为后果的根本原因乃是他们尚未学会从心理上去抑制欲望以延缓满足。有充分的证据证明，腐败分子总体上总是试图寻求心理方面的即刻满足，而不愿等待较大的但需要一个延缓期才能获致的报偿。心理学界的研究表明，人性最大的弱点或许不是自私，而是"贪婪"，渴望而不知满足。一旦内心的贪欲失控，诱惑的力量就会成倍放大。腐败者的贪婪实际上是心理学上所称的“赌徒心理”现象，其特点在于始终相信自己的预期目标会到来。一方面，他们总是认为否极泰来，一旦多次错失机会，下次就一定会成功；另一方面，他们认为机不可失，时不再来，当运气到来时，就要紧紧抓住它。与其说他们相信的是运气，倒不如说是“玄学”，即一种虚无缥缈的东西。心理学家分析后得出结论，赌徒的心理其实是发生了非关联性强化，即在模糊情境中，偶然的一次行为导致了预期的结果，便认为今后这种行为结果就会多次出现。纵观因腐败被查处的党员领导干部，他们并非输给了金钱、美色和权力，而是输在了“自律”二字上，当自律意识决堤，他们便被欲望洪流裹挟，丢失原则，迈向深渊。

二、自律水平可以通过教育培养得到不断提升

行为习惯是一种不再需要意志努力和监督的自律，是已经变成了个体自身需要的义务。习惯的形成对于自律具有十分重要的意义，形成了习惯能使行为由偶然性变成必然性，由不经常的行为变成经常的一贯的行为，并且，习惯能使行为巩固而发生迁移作用。心理学研究发现，一个人自律水平的高低，会明显受到他的认识水平和动机水平的影响。动机水平越高的人，越能抵制诱惑，严格自律。事实证明，有坚定的理想信念和远大理想的人，往往是能够严格自律、抵御各种诱惑的人。

提升自律水平，需要加强理想信念教育，帮助公职

人员牢固树立远大理想，提高公职人员的动机水平。苏格拉底曾说：世界上最快乐的事，莫过于为理想而奋斗。理想信念能够指引人生的奋斗目标，提供人生的前进动力，提高人生的精神境界。如果一个人没有理想，就没有了确定的奋斗目标、前进方向。崇高的共产主义理想和坚定的共产主义信念，是共产党人坚强有力的精神支柱。一旦理想信念动摇，内心就不会有任何敬畏，行为就会失去底线，就可能导致政治上变质、经济上贪婪、道德上堕落、生活上腐化。坚定的理想信念始终是党员干部站稳政治立场、抵御各种诱惑的决定性因素。具有远大理想的人，其动机水平和自律水平就高。

提升自律水平，需要加强对公职人员的纪法教育，提高其纪法修养。自律往往是以他律为基础，他律又必须向自律转变。所谓无知者无畏，正是这个道理，没有对纪律和规矩的深刻认识，人便无所畏惧。只有筑牢红线意识，对党的纪律和规矩有深刻的认识，才能真正认清是非对错，意识到什么可以做、什么不能做，以他律的存在为自律提供保障。要通过多种形式的宣传、教育、培训和对纪法的严格执行，使手握权力的公职人员知悉纪法背后的理论基础和价值追求，强化其对纪法的谨慎态度、神圣责任，从而形成对党纪与国法的尊畏、尊重和遵守的思想观念，自觉做到“自重、自省、自警、自励”。

提升自律水平，需要加强对公职人员的道德教化，增强公职人员的道德情感与道德良心。任何他律只有转化为道德自律才能发挥最佳功能。人一生能否成为遵法律、守道德的公民，除了必备的教育外，还要有良好的道德环境。如果是在一个价值观被扭曲、道德一文不值、利益至上、物欲横流的世俗环境里，人就必须变成“恶魔”，否则他就无法生存。法律是他律、道德是自律，他律只管一时，而自律使人受益终生。如亚里士多德所说，“德是表现在行为上的习惯”，“德只能在习惯或制约中寻求”。道德教化永远是一种深刻、内在的力量。通过道德教化，把外在的价值准则内化为自身的价值需求和道德自律，能自觉抵制外界不良诱惑，积极抵御腐败的侵蚀。

中华民族创造了光辉灿烂的文化，道德文化属于其中的瑰宝，是我国社会主义道德文明的源头。我国几千年来形成了一套以礼为中心的儒家的道德伦理观念，其中有许多思想为历代清正廉直之士作为为官做人的准则躬行不渝，形成中华民族的传统美德，值得我们珍视汲取。孔子《论语·为政》篇中有：“君子为政之道，以修身为本。”宋代吕祖谦的《官箴》全书三十三条，其首条即为：“当官之法，惟有三事，曰清、曰慎、曰勤。”即官员的基本道德规范，主要是清正廉洁、小心谨慎、勤奋努力。清康熙将清、慎、勤钦定为官箴。重义轻利是我国古代对为政者的重要道德要求，其基本观点是重义轻利、见利思义、义利统一，主张不谋私利、不计近功。这是为政以德的重要道德准则。对于今天的党员干部来说，处理好义利关系依然十分重要。作为党员干部，就要公私分明、先公后私、大公无私、公而忘私。公权力行使者不能利用权力谋取一己私利，而要克己奉公、戒贪止欲，真正做到心底无私天地宽。道德责任是人们对自己行为的过失及其不良后果在道义上所承担的责任，是人们在一定的社会关系及自然关系中所应该选择的道德行为和对自然或社会或他人所承担的道德义务。肯定人的行为的道德责任是进行道德评价的前提。马克思、恩格斯在谈到人的一般责任时曾指出："作为确定的人，现实的人，你就有规定，就有使命，就有任务，至于你是否意识到这一点，那都是无所谓的。"[①] 就是说，责任体现了人的一种社会必然性，对于任何人来说都是"不可推卸的"。在同一种责任面前，不同的人之间的差别不在于有无责任，而在于有无对责任的自觉及自觉的程度。

提升自律水平，需要着力增强公职人员的自尊和荣誉感。自尊是自律的源头，是个人基于自我评价产生和形成的一种自重、自爱、自我尊重，并要求受到他人、集体和社会尊重的情感体验。自尊是人格自我调节结构的心理成分。荣誉感是个体在集体中所作出的杰出贡献得到了集体（团体或社会、国家）的认可而给予个体在某集体中的特有殊荣，获此殊荣的个体在集体给予殊荣的影响下而产生的一种积极向上、富有正面意义的心理

① 《马克思恩格斯全集》第 3 卷，人民出版社 1960 年版，第 329 页。

感受，时常伴随着“自豪”“优秀”等一系列的积极情绪体验所产生的个体心理现象。荣誉感也称名誉心理，是一种追求光荣名誉的情感，库利称为“求荣誉”的心理，托马斯称为“求荣誉”的愿望。这是由个人自尊心、名誉感、光荣感、好胜心、自我感、集体主义情感组成的一种复杂的道德情操。

荣誉需求是人重要的精神需求之一。荣誉是一个人社会价值与自我价值相统一的体现，荣誉感是一个人自我存在感的确证。道德荣誉是指社会对个人履行道德义务所给予的褒扬和赞誉，道德荣誉感则是指个人对这种褒扬和赞誉的主观感受或自我肯定性的心理体验。对荣誉受损的担心，可以促使人发展自己某种能力和品质，可以使人检点和约束那些有可能导致荣誉受损的品质。因此，一个拥有强烈道德荣誉感的人会以践行道德为荣，以履行道德义务为己任。强烈的道德荣誉感，能净化道德行为中的一些非道德的杂质，使道德行为成为人内心高尚道德品质的真实而自然的呈现。从伦理学的角度来看，荣誉是对人们行为所作的公认的客观评价，即社会褒奖，又是个人的自我意识，即由某种行为而产生的道德感情上的尊严感。从客观评价、社会褒奖方面来看，荣誉既是对人们有益于国家、有益于社会、有益于集体的行为所作出的肯定；更重要的是国家、社会、集体通过这种肯定树立起一种行为价值导向，在这个意义上，荣誉是社会性的精神引导和与之相应的行为激励。从个体意识、主观体验方面来看，荣誉是超越具体的物质功利所得到的精神享受和愉悦，它令人纯洁高尚；作为精神力量，荣誉此时体现为人格的升华和强烈的社会责任感、使命感。荣誉情感体验、精神力量两方面的融合，引导人们意气风发、积极向上地为社会作出贡献。在此过程中，人们得到社会的鼓励和回报，同时亦得到了最高尚的情感满足，把人生的需求推向一个新的高度。

相反，如果荣誉沦丧，则在某种意义上意味着社会精神导向的迷茫或苍白无力，任其泛滥将会导致社会基本价值体系瓦解、崩溃。对个人而言，则可以说是精神支柱的倾倒，伦理道德的失落。一个没有荣誉追求的社会，自然是物欲横流的社会。休谟说："通过热切而不懈地追求世俗的声望、名声、荣誉，我们经常省察我们自己的行为和举止，考虑它们在那些亲近和尊重我们的人们眼中的形象怎样。这种仿佛在反省中打量我们自己的恒常习惯，使我们所有关于正当和不正当的情感永葆活力，使本性高贵的人对他们自己和他人产生一定的敬畏。这种敬畏，是一切德行的最可靠卫士。"[①] 赫胥黎在论及荣誉感对犯罪制约的重要意义时说："对人们反社会倾向最大约束力并不是人对法律的畏惧，而是对……舆论的畏惧。传统的荣誉感约束着一些破坏法律、道德和宗教束缚的人们；人们宁可忍受肉体上的极大痛苦，也不愿

---

① ［英］休谟：《道德原则研究》，商务印书馆 2001 年版，第 129 页。

与生命告别，而羞耻心却驱使最懦弱者去自杀。”[1] 有了羞耻心，我们才能节制自己的行为，不做庸俗卑贱的事情，有尊严地生活；有了羞耻心，我们会为自己的不当行为而难为情；有了羞耻心，我们做错了事会感到惭愧；有了羞耻心，我们会觉得太辜负了他人的期望而内疚。

荣誉感可以把履行一定的道德义务变成一个人的内心信念和自觉要求，促使他把这种信念和要求转化为相应的道德行为；而唯有知耻，才会自律。增强公职人员的自尊心和荣誉感要及时，奖惩分明。汉代刘向在《说苑》中讲：“有功而不赏，则善不劝；有过而不诛，则恶不惧。”奖惩是一种价值导向信号。奖赏什么行为，惩罚什么行为，体现着一个社会倡导什么、反对什么，尊崇什么、贬斥什么，也是在告诉人们何者为荣、何者为耻。社会心理学学习理论中的强化学说认为，人们之所以会表现出某种行为，是因为在做出这种行为后会受到某种强化——即紧随着该行为而来的是某种人们乐于接受的后果（奖赏性的积极强化）。相反，人们之所以不去表现出某种行为，是因为在做出这种行为后会出现某种令人不愉快的后果——这是一种带有惩罚性的消极强化。在奖励与惩罚方面尤其要注意奖励的作用。奖励是对公职人员廉洁奉公行为的积极的、肯定的评价，一方面可以加强廉洁奉公者的廉洁从政行为，另一方面奖励具有榜

① 赫胥黎：《进化论与伦理学》，科学出版社 1971 年版，第 20 页。

样和激励的作用，有利于形成廉洁从政的社会环境。“研究结果表明，控制政府官员越轨行为的最有效的手段，并不是制定越来越多的准则和加强对违反准则者的惩处，而是提高政府官员的认识，使其守法观念与个人利益保持统一。”①

三、培养自律意识要遵循心理活动的规律

循序渐进。美国心理学家弗里德曼和助手所做的一个实验，验证了心理学上的“登门槛效应”。在实验中，研究人员先到各家各户向主妇们提出一个小要求，让她们在一份“呼吁安全驾驶”的请愿书上签名。大部分主妇们觉得只是签个名而已，很简单。两周以后，研究人员重新找到这些主妇，问能否在她们的前院立一块写着“谨慎驾驶”的警示牌。结果显示：先前在请愿书上签过名的大部分人（55%以上）都会同意立警示牌；没有签过名的主妇，只有不足17%的人接受了这一要求。在实验中，一开始的“签名”就是第一个门槛，这个门槛迈过去之后，第二个“门槛”（竖立警示牌）就比较容易跨过去。弗里德曼认为，在一般情况下，人们都不愿接受难度较高的要求，因为它费时费力，还不容易成功。相反，大家都乐于接受难度较小的、较易完成的要求。而在接受了较小的要求后，会更容易接受较大的要求。这

① ［美］道格拉斯、［美］瓦克斯勒：《越轨社会学概论》，河北人民出版社1987年版，第403页。

个实验提示我们，在自律意识培养中要循序渐进，逐渐提高自律要求。

破除找借口的倾向。人都有为自己的过错寻找借口的潜意识。心理学上有个“合理化”现象，即：当某一个追求的目标不能实现时，人们会找某些理由为自己开脱，使自己心理上得到安慰，有时也会找一些借口来掩饰自己的行为和不愿承认的事实。合理化是心理防御机制的一种，当个体的动机未能实现或行为不能符合社会规范时，尽量搜集一些合乎自己内心需要的理由，给自己的作为一个合理的解释，以掩饰自己的过失，减免焦虑的痛苦和维护自尊免受伤害。“合理化”是对自己犯错的自我原谅，往往是堕落的开始。

不对自己求全责备。有一个心理学现象——“那又如何”效应。这种效应描述了“放纵—后悔—更严重的放纵”的恶性循环。研究者发现，很多节食者会为了自己的失误，比如多吃一块比萨或一口蛋糕，而感到情绪低落。他们会觉得，自己整个节食计划似乎都落空了。但是，他们不会为了把损失降到最低而不吃第二口。相反，他们会说：“那又如何，既然我已经破坏了节食计划，不如把它吃光吧!”这种现象，不只在节食中会出现，我们很多时候无法坚持做一件事，大部分都是被这个效应影响的。例如，你有一天没坚持健身，就会对自己说：那又如何，既然没有去，那干脆放弃吧，我自己就是一个无法坚持的人。导致更多堕落行为的，并不是第一次的放弃，而是第一次放弃之后产生的羞辱感、罪恶感、失控感和绝望感。心理学研究表明，“那又如何”效应产生的原因是行为主体受到挫折后会产生罪恶感、羞愧感，对自己充满失望。行为主体在对自己感到失望之际，总会想做些改善自己心情的事，而最廉价、最快捷的改善自己心情的方法往往是做那些导致自己情绪低落的事。这就是减肥者在吃了第一口蛋糕之后又吃第二口、第三口的原因，因为这时减肥者会产生“反正我的减肥计划已经失败了，那又如何？我还不如好好享受呢”的想法，并付之于行动。打破“那又如何”效应循环的有效方法，是不对自己求全责备。当对自己未完成目标感到失望时，不对自己进行批评和责备，而是像安慰受到挫折的朋友一样安慰自己，原谅自己的过错，防止因自我责备陷入失落和痛苦的情绪之中，以屈服欲望方式改善自己的情绪，导致计划、目标的前功尽弃。

提高个体的自我意识。心理学研究表明，真正自律的人都是高度认可自我价值的人，都懂得为了更好得到奖励或者自我价值的实现，推迟满足感是必须经历的过程。心理学研究还表明，提高个体执行控制任务时的自我意识或自我监控水平是改善自我控制的一个有效途径。心理学研究还发现，诱发个体的自我肯定或自我意识都能够提高其对自身行为的监控能力，从而有效地增强自我控制力量。迪勒尔与沃尔博姆在 1976 年进行的一项实验表明，大学生对考试作弊的态度（大多数是反对作弊的）与其实际应考时的行为间的关系，与个人的自我意识的强弱程度有关。他们让受试者解答一些字谜，并告知这些问题可以用来估测一个人的智力水平，要求受试者在听到铃声时就停止作答。在普通情况下不加任何干预的实验组里，有71%的受试者在听到铃声后仍继续作题；而另一组被安排面对镜子而坐，同时还听到由录音机里播出自己以前所录的声音，结果这一组只有7%的人作弊。

第二节　拧紧理想信念这个“总开关”

精神的力量是无穷的，而精神力量的源泉是理想信念。中国共产党人的理想信念，是马克思主义真理信仰、共产主义远大理想和中国特色社会主义共同理想。中国共产党人的理想信念具有科学性、进步性、现实性的特点，是建立在马克思主义揭示的人类社会发展规律的基础之上，建立在马克思主义指明的为最广大人民谋利益的崇高价值的基础之上。坚定的理想信念，是拒腐防变的决定性因素。

一、理想信念是共产党人的精神之“钙”

理想信念是人们对未来美好事物的向往、追求以及由此确立的坚定不移的精神状态。简单地说，理想信念就是一个人的志向，是其政治觉悟、思想境界和道德情操的集中体现，承载着人的生命的意义和价值。理想信念是人对自己本质力量和生存发展方向的把握，从一定意义上说，有什么样的理想信念就有什么样的行为表现。历史和实践充分证明，理想信念坚定，才能行稳致远，经受住各种考验；理想信念动摇，必然导致政治上变质、经济上贪婪、道德上堕落、生活上腐化。现实生活中，一些公职人员精神空虚、意志消沉、心为物役，信奉金钱至上、名利至上、享乐至上，更有少数人公权私用、谋取私利，堕入腐败深渊，根本原因就在于理想信念的动摇和缺失。

马克思主义是我们共产党人理想信念的灵魂。坚定的理想信念，必须建立在对马克思主义的深刻理解之上，建立在对历史规律的深刻把握之上。马克思主义揭示了人类社会发展规律，是认识世界、改造世界的科学真理，不仅是对现实世界运动发展规律的科学揭示，更是变革现实的强大思想力量。只有深刻理解和掌握马克思主义，准确把握和运用马克思主义立场、观点、方法，才能自觉地坚定理想信念。实践告诉我们，有马克思主义科学理论指导是我们党坚定信仰信念、把握历史主动的根本所在。中国共产党为什么能，中国特色社会主义为什么好，归根到底是马克思主义行，是中国化时代化的马克思主义行。对马克思主义的信仰，对社会主义和共产主义的信念，对党和人民的忠诚，是我们共产党人的根本，党员干部必须坚定这份信仰、坚定这份信念、坚定这份忠诚，只有在立根固本上下足了功夫，才会有强大的免疫力和抵抗力。

中国共产党是一个信仰结合体，是一个具有崇高理想和坚定信仰的马克思主义政党。坚定理想信念是我们党的一大政治优势。1985 年 9 月邓小平同志在中国共产党全国代表会议上曾语重心长地指出："过去我们党无论怎样弱小，无论遇到什么困难，一直有强大的战斗力，因为我们有马克思主义和共产主义的信念。"[①] 理想信念指明了中国共产党前进的根本方向，提供了中国共产党勇往直前的精神动力，是中国共产党人团结奋斗的思想灯塔。理想信念大大提升了中国共产党人的精神境界，使共产党人始终充满浩然正气，而能跳出追求狭隘的个人私利的人生哲学羁绊。中国共产党近百年历史充分证明，崇高的理想信念，始终是共产党人保持先进性和纯洁性的精神动力，是中国共产党带领全国人民前进的重要精神保障。正是因为具有坚定的理想信念，所以中国共产党才会敢于坚持真理、修正错误，才敢于自我革命，敢于开展批评和自我批评，才能给出延安"窑洞之问"的"第二个答案"。

始终坚持对中国特色社会主义道路自信、理论自信、制度自信、文化自信，是坚定理想信念的现实要求。坚定"四个自信"的实质是坚定党的领导的自信。马克思

① 《邓小平文选》第三卷，人民出版社 2001 年版，第 144 页。

主义是人民的理论，习近平新时代中国特色社会主义思想，充满着对马克思主义的坚定信仰，充满着对社会主义和共产主义的坚定信念，中国共产党人坚如磐石的理想信念，将内化成强大的精神力量，带领人民去夺取一个又一个新的胜利。

二、信仰是人的最高需要

“心有所信，方能行远。”法国著名作家雨果说：“信仰是人生所必需，什么也不信的人不会幸福。”从心理学的角度界定，信念是情感、认知和意志的有机统一体，是人们在一定的认识基础上确立的对某种思想或事物坚信不疑并身体力行的心理态度和精神状态；信仰则是人们对一定的世界观、人生观、价值观等的信奉和遵循，它居于人的精神世界的核心地位，与人的知、情、意相联系，并且贯穿于整个意识领域和精神活动之中，是一个人做什么和不做什么的根本准则和态度，是个体主观心理活动的产物，是个体思想对客观世界的主观反应。信仰是信念最集中、最高的表现形式，是人们对生活所持的某些长期的和必须加以捍卫的根本信念，是人意识到自身终极有限性而要超越之的精神需要。信仰的作用是给人类生活以终极意义或价值指导，拥有信仰的人会十分明确自己的人生方向和价值追求。人一旦拥有了信仰，就拥有了巨大的精神力量，这种力量就体现为永不放弃的行动。坚定理想信念在党员干部廉洁自律中发挥着“总开关”的决定性作用，一名党员干部要做到廉洁自律，前提是具有坚定崇高的理想信念。缺乏坚定理想信念的自律，终究是不长久，也是不坚定的，就如同被查处的党员干部，理想信念不坚定，导致的就是思想滑坡，自律在思想滑坡面前就失去了存在的空间。信仰在价值体系中居于核心地位，它作为评价主体价值观念体系的深层内核，指导个体的自律生存，是价值活动的前提。信念在意识中会分化为行为态度与行为信心，从而形成士气，或者说是形成个体行为的积极主动性，没有信念就没有个体的意志行为。信仰是人的最高需要的体现，是人的最高价值观念，最终体现在人的意志活动中。意志是人自觉的确定目的并支配其行动实现或趋向目标的心理过程。手握权力的公职人员要做到廉洁自律，前提是必须坚定理想信念。

三、坚定理想信念需要修好共产党人的“心学”

习近平总书记指出，党性教育是共产党人修身养性的必修课，也是共产党人的“心学”。修炼共产党人的“心学”是马克思主义政党的本质要求。马克思主义政党是以共同理想、信念而组织起来的政党，加强党性修养是其必然要求和永恒主题。通过加强理论修养、政治修养、纪律修养、作风修养，突出主观世界的自我改造，切实把党性原则内化为情感认同、个体意志和主动作为，在改造客观世界和主观世界中提升自我，锤炼党性。

党性修养是党员的自我教育、自我改造、自我完善；是对共产党的本质属性的内化；是党员在改造客观世界中自觉运用党性原则规范自己的行为，克服和抵制各种错误思想，不断改造主观世界，不断开创实践和认识新境界的过程；是党员自强和自律的统一。说到底，党性修养是树立和坚持正确的立场、世界观的问题。毛泽东同志在《改造我们的学习》一文中指出："没有科学的态度，即没有马克思列宁主义的理论和实践统一的态度，就叫没有党性，或叫党性不完全。"[①] 因此，加强党性修养必须加强马克思主义理论的学习，重点要学习好当代中国的马克思主义，努力提高马克思主义理论修养。加强党性修养，还必须坚定正确的理想信念，强化共产党员的宗旨意识，勇于拿起批评和自我批评的武器，发扬艰苦奋斗的优良传统。党性修养是一个同自己头脑中的消极思想和意识作斗争、不断超越和改造"旧我"的过程。党性修养的效果主要取决于党员自觉性的高低，要加强修养的自觉性，主动约束和控制自己的言行，不断克服自身这样那样的不足，逐步实现更好的修养目标。

列宁说过，从革命理论中能够取得一切信念。修好共产党人的"心学"，首先要坚定理想信念，要夯实马克思主义的理论根基，学深悟透习近平新时代中国特色社会主义思想，坚持"两个确立"、增强"四个意识"、坚

---

① 《毛泽东选集》第三卷，人民出版社 1991 年版，第 800 页。

定“四个自信”、做到“两个维护”，严守党的政治纪律和政治规矩，始终在政治立场、政治方向、政治原则、政治道路上同党中央保持高度一致；坚定理想信念，必须强化斗争精神，敢于斗争、善于斗争，在大是大非面前敢于亮剑，坚决同削弱、歪曲、否定党的领导和社会主义制度的言行作斗争，坚决同脱离人民群众、损害人民群众利益的行为作斗争，坚决同贪污腐败、异化变质行为作斗争。坚强的信念会成为人们奋发向上、战胜各种艰难险阻的动力。正确而坚定的信念始终是共产党人安身立命的根本。腐败者消极的、不正确的“信念”往往是导致其腐败犯罪行为的思想基础和心理因素。腐败者的“信念”包括享乐主义的“信念”和“有权就有一切”的“信念”，以及个人利益至上的“信念”等，我们可以把它们统统归结为利己主义的“信念”。享乐主义的“信念”会使一些人为达到个人享乐的目的，而不惜使用任何手段（包括犯罪手段）。“有权就有一切”的“信念”，又促使一些人滥用权力、独断专行，将权力作为个人所有的一种“资源”，凭借手中的权力贪赃枉法，收受贿赂，或者为获取一官半职而买官、跑官、要官。有钱就有一切的“信念”，则会使一些人不择手段地去追逐金钱，弄权勒索，贪污受贿，搞权钱交易，而置人民利益于不顾。崇高的信念会导致高尚的行为，而利己主义的“信念”则必然导致不道德行为，甚至犯罪行为。就腐败而言，必定是思想意识滑坡在前，腐败行为发生在后。

换言之，公职人员贪污腐化的深层次原因还是在于自身的思想和心理问题。少数党员干部之所以坠入贪污腐败、违法犯罪的深渊，从根本上讲是对共产主义和社会主义的理想信念发生动摇，陷入了个人主义、利己主义、享乐主义的泥潭不能自拔，成了私欲和金钱的奴隶。

四、把握和遵循思想教育的规律

思想教育须把教育对象看作一个个活生生的人，看作一个个具有不同思想和个性的现实中的人，看作教育实践的主体，给教育对象以人的自由本性，使教育对象的主体地位得以彰显，主体价值得以弘扬；要从人的现实表现入手，分析支配行动的思想动机，再从思想动机分析产生该思想的客观外界条件，然后根据思想政治教育的要求去创造和改变外部环境，使之具有产生好的思想动机的外部条件，从而促使人们形成良好的思想动机，并帮助人们采取科学的方法，争取获得尽可能好的行动结果。

思想教育乃是思想观念的迁移（移植）过程，它是以某种特定的意识形态作为教育内容，通过一定的信息沟通形式，达到确立或转变人们的某种立场、观念等目的的一种信息迁移过程。思想教育的价值实现就是要引导受教育者追求积极价值、规避消极价值。从受教育者思想实际出发，又不迁就受教育者现有思想水平，而是向受教育者提出努力所能达到的要求，促进他们思想觉悟的不断提高。“适应超越规律”是思想教育过程的基本规律，其含义为：教育活动要适应受教育者的思想品德状况，又要超越受教育者思想品德的现状，体现社会思想品德要求。适应超越规律是辩证统一规律在思想教育活动中的体现。在廉政思想教育过程中，教育活动显然要受到受教育者现有廉政思想意识、廉政社会环境影响等实际状况制约，因而廉政思想教育内容、方法等应与此相适应，只有这样，教育影响才能真正作用于受教育者。反之，廉政思想教育就有可能脱离实际，起不到应有的作用。但另一方面，廉政思想教育要发挥提高廉政思想觉悟、引领廉政行为的功能，因而廉政思想教育应有一定的超越性，应提出明确要求和努力方向，以此引导受教育者提升廉政思想境界、增强廉洁自律的行为自觉。

廉政思想教育的过程是立体的、开放的。在廉政思想教育过程中，存在着多种教育主体，各种不同的教育主体都会自觉地对受教育者施加教育影响。这就要求我们提高廉政思想教育的组织化程度，统筹协调廉政教育不同主体同向发力，形成合力。廉政思想教育总是处于一定的社会环境中，并同社会环境不断地发生着相互作用。这就要求我们在廉政思想教育过程中，注意抑制和消除社会环境中的消极影响，利用并强化社会环境中的积极影响。廉政思想教育要注重内容的客观性和教育者的权威性。思想教育主要以言语劝导形式通过他人的指导、建议、解释及鼓励等来改变人们的自我效能感。当个体总能获得外界的关心和支持时，他的自我效能感就会增强。人们对自身能力的知觉在很大程度上受周围人评价的影响，尤其当评价来自于有威信或对个体来说比较重要的人。班杜拉认为对个体的“无条件的积极关注”会增强个体的自我效能感。言语劝导信息的效能价值取决于它是否切合实际：现实化的言语劝导因能够激发个体的动机水平而使之易于成功，从而使他在这种信息基础上形成的自我效能感得到实现；但不切实际的言语劝导很难在活动中得到实现，从而不仅使劝导者失去威信，还会反过来挫败个体的自我效能感。20 世纪 50 年代，詹尼斯和费斯巴赫进行了一项实验。他们给高中生放一部电影，宣传一日三餐后刷牙的重要性。影片描绘了不这样做的危险后果，说明保护牙齿的各种好处。其中，高畏惧条件下显示的是残齿、病齿等可怕画面；中等畏惧条件下显示不太严重的画面；无畏惧条件下没有给被试者看任何病齿画面。结果表明，高畏惧条件下的被试者看了之后印象极深并表示一定要勤刷牙。过一星期后却发现，在无畏惧条件下的被试者反馈他们刷牙习惯的改变最大，而高畏惧的被试者改变最小。为什么会出现这种反常的现象呢？按他们的解释，高恐惧信息可能给人以超常的印象，反而会被认为是一种出于某种目的的夸大宣传而出现逆反态度，导致不被受试者重视。言语劝导的效果也与劝导者本人是否具有权威有关。社会心理学研究表明，一个人对某一信息传递者的评价越高，就越容易受他的影响。阿伦森等人的一项研究表明，著名诗人对一首诗的赞美比一个师范学院普通学生的赞赏，能够更多地使被试者改变对这首诗原有的否定性评价。因此，我们要劝说一个人改变态度，就必须考虑去做说服工作的合适人选是否具有影响力。在廉政思想教育中，教育者首先必须在廉洁自律方面“过硬”，否则会适得其反。廉政思想教育要提高吸引力、感染力，特别是教育者不能出现居高临下、空洞说教、语言生硬、形式刻板的问题，要用心用情做，让受教育者入心入脑，以保证廉政思想教育的质量和效果。

廉政思想教育要遵循思想教育“双向互动规律”，注重受教育者的积极参与。双向互动规律，亦即教育者的主导作用与受教育者的主体作用辩证统一的规律。廉政教育过程是教育者和受教育者相互影响、相互作用的双向过程。要充分发挥受教育者能动实践、自我教育的主体作用。心理学家勒温用“不同的活动方式对美国家庭主妇改变吃杂碎（动物内脏）的态度的影响”的实验证明，个人积极参与教育活动对教育效果具有重大影响。勒温把参与实验的家庭主妇分为两组。一组为控制组，勒温组织她们采用演讲的方式，亲自讲解动物内脏的营养价值、烹调方法、口味等，要求她们改变对杂碎的厌恶态度，把杂碎作为日常食品。另一组为实验组，勒温组织她们开展讨论，共同议论杂碎的营养价值、烹调方法、口味等，并且分析使用杂碎做菜可能会遇到的困难，如丈夫不喜欢吃的问题、清洁问题等，最后由营养专家指导每个人亲自实验烹煮。实验结果是：控制组有3%的人采用杂碎为菜；实验组有32%的人采用杂碎为菜。由此可见，实验组的家庭主妇由于主动参与了教育活动，她们在讨论中自己提出某难题又自己解决此难题，因而态度的改变非常显著，速度也比较快。而控制组的家庭主妇由于是被动地参与教育活动，她们很少把演讲的内容与自己相联系，因而态度也就难以改变。勒温据此提出了“参与改变态度”理论。根据这一理论，我们在开展廉政思想教育，帮助公职人员牢固树立“不想腐”思想道德防线时，要尽可能多地利用自我教育的形式（如组织公职人员讨论腐败对于腐败者个人和组织的“得失账”等），通过广泛的自我教育活动，让每个公职人员提高认识，辨别是非，作出正确判断。

廉政思想教育过程实际是教育者有目的、有计划、有组织地帮助和引导受教育者实现内化和外化，使受教育者形成社会所倡导、所期望的廉政思想、廉洁行为的过程。内化就是教育者帮助受教育者将社会的廉政思想、规范要求转化为自己的思想意识、行为规范。廉政思想、理念的内化是个体廉洁行为自觉的前提和基础，因此，廉政思想教育要注重个体廉政思想观念的内化。社会控制理论认为，社会调整根据其作用于人们行为的方式和人们服从它的原因可分为内在调整和外在调整。内在调整是人们在学习一定社会群体的行为规则的过程中，社会通过各种形式的教育使社会成员逐渐认识到在什么情况下什么行为是正当的、什么行为是不正当的，从而使外在的行为规则内化，从事正当的行为成为一种习惯，从事不正当的行为被视为“异常”“越轨”。外在调整则是通过外部压力，包括道德、宗教、纪律、法律等措施使人们遵守一定社会规范的过程。内在调整与外在调整在任何社会都存在，二者是相互渗透和相辅相成的。从社会学的角度来看，外部灌输就是社会教化的过程，人的自觉性过程就是个体内化的过程。只有外部灌输，而不注重社会个体思想观念的内化，思想教育的功效便会打折。廉政思想教育应采取以理服人、诱导式的方法，避免强制式教育产生的逆反效果。强制教育不符合人的受尊重心理需求和服人以理的原则，也不符合廉政思想教育的初衷。

第三节　加强廉洁文化建设

文化作为思想意识、精神信仰、价值观念等的集中体现，对社会生活发挥着更基础、更深沉、更持久的作用。一个人的行为，不论其是否接受过教育，总会受到文化的浸染和影响。不敢腐、不能腐、不想腐一体推进科学方法的根基在文化，打通三者内在联系的关键也在文化。

一、文化的力量

马克思认为，在不同的经济和社会环境中，人们生产不同的思想和文化，思想文化建设虽然决定于经济基础，但对经济基础具有反作用。先进的思想文化一旦被群众掌握，就会转化为强大的物质力量；反之，落后的错误的思想文化如果不被破除扬弃，就会成为社会发展的桎梏。文化的表现与内涵是它的价值体系，对人的行为产生深刻而广泛的影响。文化在社会文化的变动时期显得更加具有特殊意义。完整有序的文化体系能够有效地指导人们的行为，并使新成长的社会成员知道社会或群体对他有哪些期待，规定了哪些行为规范，同时使个体逐步具备实现这些期待的条件，自觉地以社会或群体的行为规范来指导和约束自己的行为；而变化的、带有冲突的文化则必然导致人们行为的冲突与混乱。心理学研究认为，人类的生活受制于自身所生活的社会文化情境。德国心理学家霍妮在 1939 年出版的《精神分析的新道路》中，阐明了这样一个原则：心理活动是文化的反映。也就是说，个人潜在的内心冲突，实际上乃是他所处文化中某些特定矛盾的反映。在霍妮看来，任何一种心理事件，都必然取决于文化和社会环境因素。人类学家戴沃斯和希普勒也主张：人类的心理与行为是由文化决定和制约的。关于文化，作家梁晓声将其概括为："文化是植根于内心的修养，无需提醒的自觉、以约束为前提的自由、为别人着想的善良。”文化作为思想意识、精神信仰、价值观念等的集中体现，对社会生活发挥着更基础、更深沉、更持久的作用。文化作为一种意识形态，其作用的有效发挥就在于多数人的认同和自觉接受。人类由于共同生活的需要创造了文化，而文化又在它所涵盖的范围和不同层面对人类产生了重要影响。文化是人们以往共同生活经验的积累，是人们通过比较和选择认为合理并被普遍接受的东西。某种文化的形成和确立，意味着某种价值观和行为规范的被认可和被遵从，也意味着某种秩序的形成。而且只要这种文化在起作用，那么由这种文化所确立的秩序就会被维持下去。通过共享文化，行动者可以知道自己的何种行为在对方看来是适宜的，可以引起积极的回应，并倾向于选择有效的行动，因而文化对行为具有导向作用。

文化的力量，在于坚持文化自信。文化自信是一个民族、一个国家以及一个政党对自身文化价值的充分肯定和积极践行，并对其文化的生命力持有的坚定信心。“中华民族有着深厚文化传统，形成了富有特色的思想体系，体现了中国人几千年来积累的知识智慧和理性思辨。这是我国的独特优势。”深入推进党风廉政建设和反腐败斗争，需要坚持发扬我们党在反腐倡廉建设长期实践中积累的成功经验，需要积极借鉴世界各国反腐倡廉的有益做法，也需要积极借鉴我国历史上反腐倡廉的宝贵遗产。研究我国反腐倡廉历史，了解我国古代廉洁文化，考察我国历史上反腐倡廉的成败得失，可以给人以深刻启迪，有利于我们运用历史智慧推进反腐倡廉建设。我们有优秀传统文化的底蕴，也有在中国革命、建设、改革的伟大实践过程中孕育的革命文化和社会主义先进文化。这种在优秀传统文化基础上的继承和发展，夯实了文化建设的根基。严厉惩处“治”出来的廉更多是他律，文化“养”出来的廉才是自律，是根植于灵魂深处的浩然正气。公权力行使者实现不想腐的目标，离不开优秀传统文化和社会主义先进文化的涵养。

二、廉洁文化建设是拒腐防变的基础工程

廉洁文化，是人们关于廉洁从政的思想、信仰、知识、行为规范和与之相适应的生活方式和社会评价，从根本上反映着一个阶级、一个政党的执政理念、执政目的和执政方式，是廉洁从政行为在文化和观念上的客观反映。廉洁文化赞扬什么、批评什么、反对什么，都具有鲜明的指向性，传递着清明、公正、自律的正能量，其所包含的价值理念、道德准则在社会的广泛传播，凝聚社会共识，规范社会行为，营造尊崇廉洁的社会环境的同时，对于公职人员和公民树立正确的世界观和价值观，具有基础性的社会导向作用，对社会具有较强的潜移默化的教育功能，可以为廉政行为的形成提供强大的思想保障、精神动力和智力支持，发挥着价值导向、行为约束、环境净化等重要功能。中外反腐倡廉的经验表

明，一个国家的廉政状况如何，除了体制、制度等方面的因素外，还在于有无为全体公民认可并接受和遵循的廉洁文化。廉洁文化的特点是道德自律与法律制度约束的结合，是依法治国与以德治国的有机统一。与制度规范对人的行为所形成的直接性、即时性约束相比，文化的影响是潜在的、间接的，但也是更为深入持久的。廉洁文化一旦形成和固化，其所表现出来的“社会标准化”的道德约束力，往往比正式制度更有力度，更具有持久性、稳定性和连续性。廉洁文化的有效途径并非事后的预防教育，而是事前的引导和控制，以形成大多数人接受的道德约束机制。文化具有强大的渗透力和影响力。廉洁文化一旦形成，就会以其独特的作用和力量去感化人，使人们自觉或不自觉地接受廉洁文化的熏陶，并用这种文化规范指导自己的行为。同时，它可以形成一种强大的向心力、凝聚力，从而使反腐倡廉成为全社会的自觉行为，营造以廉为荣的社会环境。廉洁文化作为一种非正式的控制手段，虽然没有明文的规章制度，但可以通过一系列为人们所接受的价值观念来约束和控制人们的思想和行为，指导人们什么该做、什么不该做。如果违反了观念的价值准则，廉洁文化的软性控制就会发生作用，对自己的行为自动加以纠正。廉洁文化建设的精神实质，是引导党员干部牢固树立中国特色社会主义共同理想，牢记全心全意为人民服务的宗旨，树立正确的世界观、人生观、价值观，增强执政为民的自觉意识，不断提高执政能力和执政水平，增强拒腐防变和抵御风险的能力。廉洁文化建设的目的在于使人们在参与廉洁文化建设过程中思想得到升华，在全社会营造“以廉为荣，以贪为耻”，人人崇尚廉洁，个个羞于腐败、耻于腐败和不敢腐败的社会风尚，打造廉洁的社会生态。同时，廉洁文化传播的过程，也是公民意识不断增强的过程。在这一过程中，广大人民群众的廉洁文化知识会越来越丰富，要求拥有公权力的公职人员廉洁从政的意识和主动监督的意识会越来越强烈，监督的能力也会越来越强，从而形成强大的社会监督力量。

廉洁文化建设要从中华优秀传统文化中汲取营养，坚持革命文化的价值取向，发挥社会主义先进文化的引领作用。中华优秀传统文化是中华民族的精神命脉，也是中华文化的根和源，体现着中华民族世世代代在生产生活中形成和传承的世界观、人生观、价值观，塑造和培育着中华民族的思维方式、精神品格、价值取向和行为方式。廉洁文化在我国有着非常悠久的历史传统，是中华民族优秀传统文化的重要组成部分，我们要运用辩证唯物主义和历史唯物主义的立场观点方法汲取其中有益的营养。中国历来将清廉作为官德之道，把严于自律看作做人、做事、做官的基础和根本。

《周礼》就已提出，对官员的考核重在廉善、廉能、廉敬、廉正、廉法、廉辨，即一个官员必须具有善良、能干、敬业、公正、守法、明辨是非等基本品格，六个方面均以“廉”为冠。欧阳修则在《廉耻说》中指出，公正清廉，乃“士君子之大节也”，也就是说清廉是官员必备的政治品德。古代《官箴》系统而明确地提出了“吏不畏吾严而畏吾廉；民不服吾能而服吾公。公则民不敢慢；廉则吏不敢欺。公生明，廉生威”，成为后世对“公廉”最为称道的经典阐释。

革命文化是近代以来特别是五四新文化运动以来，在党和人民伟大斗争中培育和创造的思想理论、价值追求、精神品格，如红船精神、井冈山精神、长征精神、延安精神、沂蒙精神、西柏坡精神等，集中体现了马克思主义指导下的中国近现代文化的发展及其成果，是中华优秀传统文化在革命斗争中的传承、转化和发展，赋予了民族志向、民族品格、民族精神新的时代光芒，展现了中国人民顽强不屈、坚韧不拔的民族气节和英雄气概。革命文化为廉洁文化建设提供了本源性优质资源和优秀文化根基，提供了正确价值观导向。

社会主义先进文化萃取了中华优秀传统文化和革命文化的精华，是党领导人民在中国特色社会主义伟大实践中，在马克思主义指导下形成的面向现代化、面向世界、面向未来，民族的科学的大众的社会主义文化，代表着时代进步潮流和发展要求。中国特色社会主义共同理想和共产主义远大理想、马克思主义中国化的制度和理论成果、社会主义核心价值观、以爱国主义为核心的民族精神和以改革创新为核心的时代精神等，共同熔铸了社会主义先进文化。社会主义先进文化对廉洁文化建设起着引领作用，中国特色社会主义廉洁文化是以马克思主义理论为指导，以全民族共同理想为主题，以弘扬民族精神为目的，以树立社会主义荣辱观为宗旨的廉洁文化，是中国共产党人民至上的执政理念在文化形态上的反映，始终贯穿着、体现着社会主义先进文化的本质要求，以“为民、务实、清廉”为其本质特征。

廉洁文化建设要铲除腐败亚文化生存滋生土壤。腐败亚文化，是指在腐败群体乃至全社会盛行的易引发腐败的潜规则及各种腐朽思想。当前一些腐朽的文化土壤尚未根除，信奉“父尊子显、夫荣妻贵”宗法观念的有之；尊崇“千里来做官、只为吃和穿”处世哲学的有之；追求“礼不下庶人、刑不上大夫”特权思想的有之；效仿“一人得道、鸡犬升天”封建做法的有之；迷恋拜金主义、享乐主义生活方式的有之。腐败亚文化扩大了社会对腐败的容忍度，降低了腐败的道德羞耻感；同时，腐败亚文化也会潜移默化地对人们产生不好的影响，会一点一滴地改变人们的世界观和价值观，使人们的世界观、价值观发生偏斜，因而对社会具有侵蚀性。如果不能积极有效地挤压腐败亚文化的生存空间，铲除其滋生蔓延的土壤，党风廉政建设和反腐败斗争的力度就会被消解，所采取的举措就难以取得实效。

廉洁文化建设要注重家风建设。家风也叫门风，是调整维系家庭成员之间情感关系和利益关系的道德行为规范，是家庭伦理和家庭美德的集中体现。古人云：“察德泽之深浅，可以知门祚之久暂。”家风的重要作用由此可见一斑。北宋赵湘曾说过：“将教天下，必定其家，必正其身；将正其身，必治其心；将治其心，必固其道。”就是说，想要为官从政、施行教化者，就一定要治理好家庭、修养自身品德；要想修养自身品德，就一定要端正自己的思想；要端正自己的思想，就要稳固自己的道德。“家风不正会败官。”从近年来查处的腐败案件看，不正家风是党员干部滋生腐败的土壤，家风败坏往往是领导干部走向严重违纪违法的重要原因。家风通过耳濡目染，以润物无声的无形力量潜移默化地影响着家庭成员。好的家风会有一些共同的特点，如：良好的道德氛围、健康的思想氛围、积极的情感氛围、认真的学习氛围、节俭的生活氛围等。正是这种氛围，造就了一个个身心健康的人、有作为的人乃至对社会有突出贡献的人。家风家教对个人、家庭、社会都至关重要，是党员干部人生的必修课。良好的家风是整个社会风清气正的基础，在塑造人的品格、约束人的行为方面起着重要作用，是党员干部拒腐防变的重要思想道德防线。而那些“贪腐父子兵”“受贿夫妻档”，最终换来的都是“一人落马牵出全家”。手握权力的公职人员要始终牢记“不矜细行，终累大德”，自觉厘清亲情与权力的边界，防止“枕边风”成为贪腐的导火索，防止子女成为自己的“代言人”，防止身边人把自己“拉下水”。

廉洁文化建设要动员全社会广泛参与。廉洁文化建设既要突出“关键少数”，又要面向社会大众。文化要真正发挥作用，必须渗透到社会生活的方方面面，融入到社会成员日常工作、学习、生活各个领域。要推动廉洁文化建设进机关、进企业、进学校、进社区、进乡村、进家庭，形成全社会共同建设的良好局面，让群众时刻感受到身边浓厚的廉洁文化氛围；要以群众易于参与、喜闻乐见的形式、载体宣传廉洁文化，通过春风化雨、润物无声的方式，培育全社会清正廉洁的价值理念，使崇德尚廉内化为精神追求、外化为自觉行动。

三、加强党内政治文化建设

廉洁文化建设要以积极健康的党内政治文化为引领。党内政治文化作为一种精神现象和观念形态，渗透于党内政治生活的各个层面和环节。它不仅是党内政治生活的灵魂，是政党性质的根本体现，还事关党的政治形象，决定党组织和党员的价值取向和行为方式，影响着党员的成长和发展。党内政治生活、政治生态、政治文化是相辅相成的，政治文化是政治生活的灵魂，对政治生态具有潜移默化的影响。政治文化作为整个社会文化大系统的一个子系统，主要作用于政治生活和政治治理，以它内含的价值标准来规范党员干部的行为。良好的政治文化能够帮助党员干部明辨是非，明确什么是应该做的、什么是不应该做的。政治文化先进与否、纯洁与否，是影响政党兴衰成败的关键。良好的政治文化是马克思主义政党的党性原则和中华优秀传统文化精髓的结晶。政治文化是一个政党的精神标识，反映政党的价值追求。中国共产党的政治文化是以马克思主义为指导、以中华优秀传统文化为基础、以革命文化为源头、以社会主义先进文化为主体，充分体现中国共产党党性的文化，它贯穿于党的各项工作全过程，引导全党的政治认知、政治情感、政治评价及行为取向，潜移默化地影响着党内政治生态。作为政治生活的灵魂，有什么样的政治文化，就有什么样的政治生态。政治文化是政治生态的精神主导，与政治生态相互促进、相得益彰。政治生态是领导干部作风、政治生活状况和政治发展环境的综合反映，集中表现为从政环境的优劣。健康洁净的党内政治生态，是党的优良作风的生成土壤，是党的旺盛生机的动力源泉，是保持党的先进性纯洁性、提高党的创造力凝聚力战斗力的重要条件，是党团结带领全国各族人民完成历史使命的有力保障，是我们党区别于其他非马克思主义政党的鲜明标志。政治生态对党员干部的价值取向和为政行为影响极大。政治生态好，党内就会正气充盈；政治生态不好，党内就会邪气横生。营造良好的政治生态是一项长期任务，必须作为党的政治建设的基础性、经常性工作，浚其源、涵其林，养正气、固根本，锲而不舍、久久为功。加强党内政治文化建设，就是严格遵守党章、执行新形势下党内政治生活若干准则，大力弘扬忠诚老实、公道正派、实事求是、清正廉洁等价值观，不断涵养政治定力、纪律定力、道德定力、拒腐定力，旗帜鲜明抵制和反对关系学、厚黑学、官场术、潜规则、“码头文化”及“行帮文化”等庸俗腐朽的政治文化，以良好政治文化涵养风清气正的政治生态，引导党员干部和公职人员保持清正廉洁的政治本色。

第四节　坚守中国共产党人的道德观

马克思主义认为，道德是一种社会意识形态，它是人们共同生活的行为准则和规范。道德不是天生的，人类的道德观念是受到后天的宣传教育及社会舆论的长期影响逐渐形成的。人民性是中国共产党人道德的根本价值属性，实现人的自由全面发展构成了中国共产党人人民性的最高价值原则；先进性是中国共产党人道德的鲜明特征，既是共产党人道德的目标和要求，又是原则与做法，集中体现在中国共产党人理想信念的先进性和道德修养的率先垂范性；革命性是中国共产党人道德的重要特征，自我革命是中国共产党人鲜明的道德品质。道德对个体具有价值导向和意志自律的作用，道德高尚是领导干部做到清正廉洁的基础。

一、道德是人的精神需要

道德是人的精神需要，也是人的本质需要。马克思在《关于费尔巴哈的提纲》一文中用哲学的语言深刻地揭示："人的本质并不是单个人所固有的抽象物，在其现实性上，他是一切社会关系的总和。"[①] 恩格斯指出："人们自觉地或不自觉地，归根到底总是从他们阶级地位所依据的实际关系中——从他们进行生产和交换的经济关系中，获得自己的伦理观念。"[②] 每一个社会关系首先是作为利益表现出来的。既没有脱离人类真实活动的道德活动，也没有与经济范畴完全割裂的道德范畴，虽然道德建立在现实的利益基础之上，但不是亦步亦趋跟在人的现实利益之后的。道德的价值在于积极主动地去适应、创造甚至超越社会生活。道德和现实生活之间存在着内在的一致性和统一性，即现实性是道德的基点、起点和支撑点。马克思指出，每个人都是有着现实需要的现实人。道德的现实性一方面表现为保障人的现实需要，如果道德规约不能保障现实人的现实需要，就不能转化为人践履道德规约和发生道德行为的动力；另一方面道德现实性表现为道德要求要适应现实社会的要求，道德规约要适应现实，调节现实社会生活。道德更具超越性，道德作为调节人的社会行为的规范既注重当下的生存，还满足人民追求更加美好生活的愿望，引导人民为社会整体利益与进步而奋斗。道德的现实性是对人的自然性、

① 恩格斯：《路德维希·费尔巴哈和德国古典哲学的终结》，人民出版社 2014 年版，第 67 页。

② 《马克思恩格斯选集》第 3 卷，人民出版社 1995 年版，第 133 页。

物质性的回应和肯定，而道德的超越性、精神性、非功利性是对人的社会性、精神性、理想性的表征。

二、道德是一种意志自律

马克思指出："不可收买是最崇高的政治美德，是抽象的美德。"[①]"道德的基础是人类精神的自律。"[②]腐败分子不良需要的产生，是受其错误认识、消极情感与不良个性（如贪财、贪色、虚荣心强）等心理因素影响的。赫胥黎认为仅仅用肉体的苦行并不能绝除他们的欲望，必须从根本上下手，通过戒除邪念来提醒每个人对社会所应有的责任，必须学习自我约束和断绝欲念，特别是那种无限自我满足的欲望，因为摆脱人类噩运的"唯一出路就是摧毁那涌出罪恶的源泉——欲望"。正如王阳明所言，良知在人，随你如何，不能泯灭，虽盗贼亦自知不当为盗，唤他做贼，他还忸怩。腐败如同做贼一般，有腐败念想的人如同想做贼的人，他虽然想做贼，但其内在良知还是知晓做贼是为人人所诟病的。道德是一种意志自律，道德自律的重要特征是：道德主体的行为动因由外在约束转换成主体自身的意志约束，表现为主体内心深处的自我立法，自觉践行社会的道德要求。按德国哲学家康德的说法，"自律"就是"自己为自己立法"，将被动的"我应当如此行为"变为自觉的"我立意如此

① 《马克思恩格斯全集》第1卷，人民出版社1956年版，第374页。

② 《马克思恩格斯全集》第1卷，人民出版社1956年版，第15页。

行动”。人具有自然属性和社会属性。人的社会属性决定了人的社会需求，而这些需要是人之为人的本质规定，是发自内心的需要。要满足这类社会需要，人会自觉超越狭隘的物质、利益等功利性的束缚，表现出高度的道德自觉。道德自律作为人的精神需要，是人内心深处的呼声和要求。康德说，关于道德价值的问题，我们要考虑的不是我们能看见的行为，乃是我们看不见的那些发生行为的内心原则。道德自律是靠人民自觉自愿的信念和行为来维持的，不是靠审慎的立法、行政或司法法令等来建立或改变的，还表现在道德的制裁不是靠外在的强制力量及其威胁，而至多是用称赞和谴责，以及其他如赞成与不赞成这种主要是主语的表现。也正是在这个意义上，黑格尔把道德称为人“内心的法”。

道德自律自觉摈弃任何物欲和功利的压力，使人产生高度的精神愉悦。同时，道德自律因满足归属感使人心态平和。多数人干坏事前后心态大都是诚惶诚恐、忐忑不安的，而实施道德自律时都是问心无愧、心态平和的。任何他律只有转化为道德自律才能发挥最佳功能。道德自律对于任何人来说都是光明磊落、无私利他、受人敬佩的，会使主体获得精神上归属感的满足。人的社会性决定了人的归属需要。从心理学来说，归属感的满足是人走向健康的必由之路。归属感的需要得不到满足将产生难以忍受的“孤独感、异化感和疏离感”，产生极其痛苦的体验。道德自律以自爱而人爱之，每个人都希望别人尊重和重视自己，希望自己声望、权势、威信等得到别人的承认、拥护和高度评价。而尊重需要的两个方面——他尊与自尊的满足通常源于主体对他人、对社会有价值的道德行为之中。道德自律使人超越了个人的狭隘私利，从“自我中心”的樊笼中走出来，因彰显对社会、他人的强烈责任与牺牲精神，而赢得他人和社会的尊敬。马斯洛认为，“最健康的自尊来自他人的尊敬，而不是建立在外在的名声、声望以及无限奉承之上”，自尊的需要满足了，就可以产生更自信的情感，进一步强化道德自律。道德源自于现实的社会生活，道德建设的最高目标是使个体学会自律，学会自觉地养成良好的行为习惯。

三、坚守中国共产党人的道德观

道德观是道德意识和道德水平的统一体，集中表现为个人处理与他人、集体和社会的关系准则。人的道德观都以个人利益在其行为中所占的地位为核心，包括道德意识和道德活动。无论是道德意识还是道德实践，都集中体现在道德原则、准则、规范和范畴之中，涉及人的全部行动。在社会生活中，人们总是站在一定的社会地位和特定的利益关系的立场上，去观察和认识各种社会道德。所以，不同社会、不同阶级的人，就必然具有不同的道德观。在新的历史时期，中国共产党人要始终坚守以全心全意为人民服务为核心内容的中国共产党人的道德观，崇尚对党忠诚的大德、为民造福的公德、严于律己的私德。

中国共产党继承了中华民族优良传统，传承了中华民族的优秀文化基因，培育和弘扬了特有的以全心全意为人民服务为核心的一系列道德规范。这是由党的性质所决定的，中国共产党把全心全意为人民服务作为党的根本宗旨，党章的总纲中明确规定："中国共产党坚持全心全意为人民服务。党除了工人阶级和最广大人民群众的利益，没有自己特殊的利益。"中国共产党从成立之日起，就把人民至上，全心全意为人民服务作为自己道德规范的核心，党员在道德上的纯洁性就是实践党的宗旨，自觉抵制和克服各种非无产阶级思想意识、道德观念的侵蚀，做到立党为公、执政为民。全心全意为人民服务，从政治上来说，是党的一切活动的出发点和归宿，是共产党区别于其他任何政党的显著标志。从道德的视角来说，它是党的政治宗旨在道德观上的反映，是中国共产党道德观的核心内容。坚守中国共产党人的道德观，就是要坚持全心全意为人民服务的根本宗旨。共产党员只有努力实践全心全意为人民服务为核心内容的道德观，才能从根本上保持自己的世界观、人生观、价值观的先进性；才能经受住长期执政考验、改革开放考验、市场经济考验、外部环境考验；才能有效防范和消除精神懈怠危险、能力不足危险、脱离群众危险、消极腐败危险。

坚守中国共产党人的道德观，需要持续不断地加强道德修养和道德实践。刘少奇同志在《论共产党员的修养》中指出，共产党员特别是领导干部，如果能长期坚持与实践相结合的道德修养，其结果“他就可能有很好的共产主义道德”；“他也可能有最高尚的自尊心、自爱心”；“即使在他个人独立工作，无人监督、有做各种坏事的可能的时候，他能够‘慎独’，不做任何坏事”[①]。马克思主义伦理学特别强调，道德实践对个体道德养成具有巨大作用。共产主义道德养成的一项基本任务，就是要使其原则和规范转化为人们的内心感情和信念，并付诸实践。

坚守中国共产党人的道德观，就是要崇尚对党忠诚的大德，为民造福的公德，严于律己的私德。“天下至德，莫大乎忠。”对党忠诚，是共产党人首要的政治品质。对于共产党人来讲，明大德，就是忠诚于党的信仰，忠诚于党的组织，忠诚于党的理论和路线方针政策。忠诚于党的信仰，就是要筑牢理想信念，锤炼坚强党性，在大是大非面前旗帜鲜明，在风浪考验面前无所畏惧，在各种诱惑面前立场坚定；忠诚于党的组织，就是要牢记自己的第一身份是共产党员，第一职责是为党工作，相信组织、依靠组织、服从组织，自觉接受组织安排和纪律约束，自觉维护党的团结统一，任何时候都与党同心同德；忠诚于党的理论和路线方针政策，就是要始终

① 《刘少奇选集》（上卷），人民出版社 1981 年版，第 131 页。

以习近平新时代中国特色社会主义思想为指导，坚定地贯彻落实党的路线方针政策。守公德，就是要强化宗旨意识，全心全意为人民服务，恪守立党为公、执政为民理念，自觉践行人民对美好生活的向往就是我们的奋斗目标的承诺，做到心底无私天地宽。造福于民是我们党坚持人民至上的价值追求的集中体现，也是共产党人必须崇尚的基本公德。崇尚为民造福的公德，就是要秉持人民至上的执政理念，把实现好、维护好、发展好最广大人民根本利益贯穿一切工作的始终；就是要不怕吃苦、不怕牺牲，坚持吃苦在前，享乐在后，甘于奉献，坚守并践行全心全意为人民服务的根本宗旨，践行“为党和人民牺牲一切”的誓言；就是要胸怀“毫不利己专门利人”的爱民情怀，不断追求“我将无我，不负人民”的精神境界。严私德，就是要严格约束自己的操守和行为；就是要严于律己，严于修身，不断提升自己的思想境界，做到慎独慎微；就是要习惯于在监督约束条件下工作与生活；就是要严格家教家风，做良好家风建设的表率。

马克思主义伦理学认为，良心是人所特有的道德意识和道德情感，也是人对其行为的自我评价能力，是人们在社会生活和实践活动中逐步形成的，是一定社会关系和利益关系的反映。它的核心是个人对自己所应尽的社会义务的认识与感受。个体拥有的比较健康的道德状态，主要由相辅相成的两大要素构成：一是道德理想；二是道德良心。道德理想是个体在道德上所想达到的高尚状态和完美境界，也是个体对高尚道德和完美人格的向往和追求。道德良心是个体形成的一种强烈的道德责任感，也是个体在道德上进行自我评价和自我调节的能力和机制，是个体自律的突出体现。道德理想的主要作用是激励个体追求应该做的事情，道德良心的基本功能是阻止个体实施不应该做的事情。道德理想和道德良心如同一枚道德钱币上的两面，使个体既追求高尚和完美，又随时遏止卑鄙和丑恶。我国近代著名思想家蔡元培曾经分析道："良心者，不特告人以善恶之别，且迫人以避恶就善也。"[①] 在现实生活中，有很多事是法律无法干涉、舆论无法监督的，能够填补这一空白的只有每个人的道德良心。如果说社会舆论往往使人产生一种畏惧感，而使人们不得不服从道德规范的话，那么，道德良心则着眼于主体内心深处趋善避恶本性的挖掘。良心的觉醒，一方面有助于人们认真体味道德规范的外在压力，培养责任感、义务感、荣誉感和羞耻感，产生明确的道德意识；另一方面有利于人们自觉遵循道德规范的要求，从而实现一种规范压力向行为动力的升华。心理学研究证实，一切行为在实施前都会经过计划与决策，在道德行为发生之前，必然要经过意向的选择。在这一阶段，道德良心起着选择为或不为的决定作用；而在道德行为进行过程中，道德良心又起了随时调节、控制行为方向、

---

① 《蔡元培全集》第 2 卷，浙江教育出版社 1997 年版，第 241 页。

行为手段、行为目标乃至行为进程的作用。人们之所以坚持严格的行为标准是进行自我调节的结果，并认为延迟满足是一种重要的自我调节，因为不能延迟满足是导致反社会行为或犯罪行为的原因之一。实践证明，加强道德教育，不断提高公职人员的道德素养，可以提高其自我约束水平，促使其主动打消贪腐的念想。为此，必须使每个公职人员牢固树立思想道德防线和法律纪律防线。

图书在版编目（CIP）数据

消除贪念：腐败心理研究/苏满满著．—北京：中国方正出版社，2022.12

（反腐败研究文库）

ISBN 978-7-5174-1138-3

Ⅰ.①消…　Ⅱ.①苏…　Ⅲ.①贪污-犯罪心理学-研究　Ⅳ.①D914.04

中国版本图书馆 CIP 数据核字（2022）第 249108 号

消除贪念：腐败心理研究

苏满满　著

责任编辑：刘彦彩
责任印制：李惠君

出版发行：中国方正出版社
（北京市西城区广安门南街甲 2 号　邮编：100053）
发行部：（010）66560936　门市部：（010）66562733
编辑部：（010）59594611　出版部：（010）59594625
网址：www.lianzheng.com.cn
责编 E-mail：fangzheng1313@126.com
经　　销：新华书店
印　　刷：文畅阁印刷有限公司

开　　本：787×1092 毫米　1/16
印　　张：12.25
字　　数：112 千字
版　　次：2022 年 12 月第 1 版　2023 年 5月北京第 2 次印刷

ISBN 978-7-5174-1138-3　　定价：38.00 元